비문학이 읽히는

이다희 지음

과학·사회·경제·문화·환경·라이프
핵심 배경지식 131

최소한의 배경지식

비문학이 읽히는
최소한의 배경지식

과학·사회·경제·문화·환경·라이프
핵심 배경지식 131

초판 1쇄 발행 2025년 12월 15일
초판 3쇄 발행 2026년 1월 12일

글 이다희
펴낸이 최순영

교양 학습 팀장 김솔미 편집 김나연
키즈 디자인 팀장 이수현

펴낸곳 ㈜위즈덤하우스 출판등록 2000년 5월 23일 제13-1071호
주소 서울특별시 마포구 양화로 19 합정오피스빌딩 17층
전화 02) 2179-5600 내용문의 02) 6748-3802
홈페이지 www.wisdomhouse.co.kr 전자우편 kids@wisdomhouse.co.kr

ⓒ이다희, 2025

ISBN 979-11-7171-564-0 73030

* 이 책의 전부 또는 일부 내용을 재사용하려면 반드시 사전에 저작권자와 ㈜위즈덤하우스의 동의를 받아야 합니다.
* 인쇄·제작 및 유통상의 파본 도서는 구입하신 서점에서 바꿔드립니다. * 책값은 뒤표지에 있습니다. * 이 책의 사용 연령은 8~13세입니다.

작가의 말

안녕하세요, 어린이 여러분!
어렵고 딱딱하게 느껴지는 지식을 쉽고 재미있게 술술 풀어서 알려 주는 이다희 선생님이에요.

선생님의 어렸을 적 소원 중 하나는 똑똑한 아이가 되는 것이었어요. 어른들만 아는 어려운 말도 척척 알아듣는 그런 아이 말이에요. 하지만 콩알보다 작은 글자가 빼곡히 적힌 두꺼운 책을 보면 눈만 깜빡거리다가 금세 책을 넢어 버리곤 했어요. 도무지 알 수 없는 말들이 가득했으니까요. 똑똑한 아이가 되는 길은 멀고도 험하게만 느껴졌답니다.

어른이 되어서도 어렸을 적 소원을 잊지 않고 있던 선생님은 한 가지 결심을 했어요. '아이들을 똑똑하게 만들어 주는 책을 쓰자!'라는 결심이었지요. 그렇게 해서 탄생한 책이 바로 이 책이에요.

빅데이터? 보호 무역? 탄소 중립? 인권? 초가공 식품? 저작권 논란?
듣기만 해도 머리가 어지러운 단어들이지요?

하지만 걱정하지 마세요. 이 책을 다 읽고 나면, 어렵게만 느껴졌던 것들이 머릿속에 쏙쏙 들어올 거예요. 어려운 지식도 어린이 눈높이에 맞춰서 쉽게 풀어 썼고, 이해를 도와줄 사진과 그림도 가득 담았답니다.

주제마다 재미있는 이야기들이 가득하니, 마음에 끌리는 주제를 선택해서 먼저 읽어 보세요. 책장을 넘길 때마다 등장하는 사진과 그림, 그래프도 놓치지 말고 잘 살펴보세요. 그 속에도 새로운 지식이 숨어 있답니다.

자, 그럼 이제 선생님과 함께 똑똑한 아이가 되는 지식의 세계로 출발해 볼까요?
어린이 여러분의 힘찬 도전을 응원할게요.

- 이다희 선생님이

1. 이 책은 크게 '환경, 사회, 경제, 라이프, 문화, 과학 기술' 여섯 가지의 분야를 다루었어요. 순서대로 읽지 않고, 관심 있는 분야를 먼저 골라 봐도 좋아요!

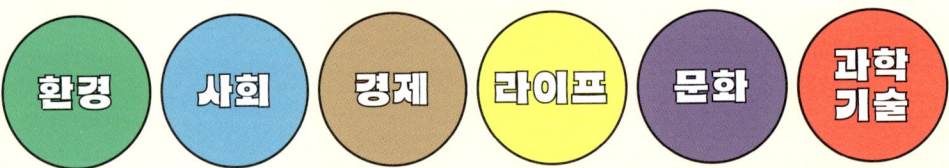

2. 각 분야에서 현재 가장 중요한 핵심적인 주제 다섯 가지를 골라 소개해요. 각 주제에 대한 배경지식을 키워 주는 여러 토픽을 담았어요.

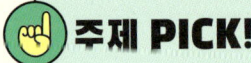

주제를 대표하는 흥미로운 토픽으로 어린이의 호기심을 돋워요. 이 주제에 대한 평소 생각을 꺼내 보고, 또 어떤 재미난 이야기가 있을지 추측해 봐요.

QR 코드
'주제 PICK!'에서 다룬 이야기를 좀 더 생생하게 접하도록 관련 뉴스 동영상으로 연결되는 QR 코드를 넣었어요.

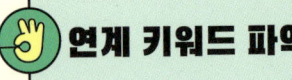

'주제 PICK!'에서 다룬 이야기가 어떤 키워드와 연결되는지 정리해 두었어요. 이 키워드는 이어지는 토픽에서 다시 만날 수 있어요.

개념 잡기 — 주제에 대한 기본 설명과 배경 이야기를 들려줘요. 여기서 제대로 개념을 짚고 넘어가 봐요. 그러면 어떤 내용이든 핵심을 정확하게 파악할 수 있어요.

심층 토픽 — 주제에 대한 지식을 확장시켜 주는 토픽이에요.

표와 그래프 — 토픽과 함께 여러 가지 시각 자료를 함께 보여 줘요.

배경지식 넓히기 — 정치, 사회, 경제 등 다양한 시각으로 접근한 토픽이 주제에 대한 시야를 확 넓혀 줘요. 어렴풋하게만 알던 키워드를 재미난 토픽과 사진, 그림 그리고 그래프로 접하면 이해가 훨씬 쉬울 거예요.

3. 별책 부록인 워크북으로 이 책에서 얻은 배경지식을 더욱 단단하게 다져요.

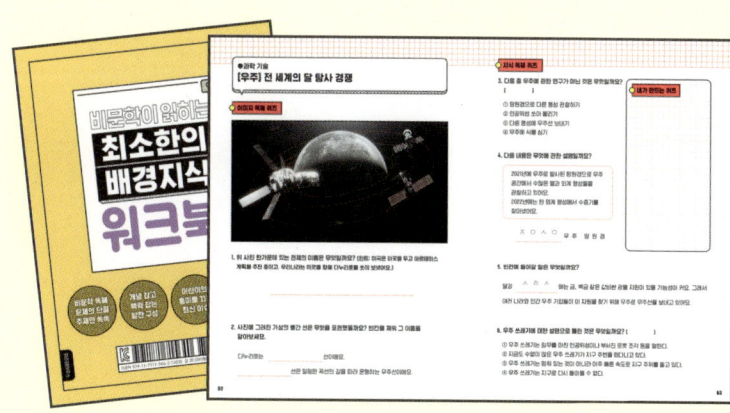

차 례

작가의 말 4
이 책을 더욱 알차게 읽는 방법 6

●환경

- **쓰레기** 요즘 생긴 거대한 산이 있대요! 12
- **폭염** 최고로 더웠던 올해 여름이 가장 시원한 여름일 거라고? 18
- **해수면 상승** 이 빙하가 녹으면 지구는 끝이라고요? 24
- **생물 다양성** 천연기념물 수달, 교통사고로 사망하다! 28
- **탄소 중립** 2024 파리 올림픽에서 고기반찬이 사라졌다? 34

●사회

- **가족** 정상 가족은 없어요! 40
- **저출생** 유아차 대신 개모차 44
- **수도권 집중** 대한민국에는 서울만 있나요? 48
- **인권** 나도 초상권이 있어요 54
- **정보 격차** 기계 앞에서 눈싸움만 몇 분째! 60

●경제

- **희소성** 책 한 권이 6300만 원? 66
- **물가** 금을 사셔야 합니다? 70
- **합리적 선택** 사진만 잠깐 찍은 꽃 팔아요 76
- **세금** 제주도에 오려면 환경세 내세요! 80
- **무역** 두 유 노우 케이 라면? 86

●라이프
- 식생활) 30년 동안 탄산음료를 마시고, 과자를 먹었더니… 92
- 신체 건강) 주사만 맞아도 살이 빠진다고? 96
- 마음 건강) 불멍, 물멍, 산멍, 유물멍, 멍때리자! 100
- 여행) 빵 먹으러 대전 간다! 106
- 반려동물) 댕댕이도 같이 비행기 타요! 110

●문화
- 대중문화) 세계가 사랑하는 케이 컬처 116
- 예술) 우리도 노벨 문학상 보유국! 120
- 전통문화) 우리 집에 뮷즈 있다! 124
- 종교) 극락도 락이다! 세상에서 가장 재밌는 불교 130
- 스포츠) 게임도 스포츠예요! 134

●과학 기술
- 인공 지능) 인공 지능, 1분이면 산불 날지 안다! 140
- 로봇공학) 로봇, 인공 지능과 결합하다! 146
- 메타버스) 음악 방송 1위 가수의 정체, 컴퓨터가 만든 아이돌이라고? 150
- 우주) 전 세계의 달 탐사 경쟁 154
- 생명 공학) 머리뼈를 인쇄합니다! 160

교과 연계 166
이미지 및 영상 출처 168

환경

주제
쓰레기 · 폭염 · 해수면 상승 · 생물 다양성 · 탄소 중립

여기는 우주!
지구 나와라!
오버!
헌 옷 쓰레기가
우주에서도
보인다!
오버!

내가 쓰레기래!

요즘 생긴 거대한 산이 있대요!

우리가 의류 수거함에 버린 헌 옷은 어디로 갈까요? 우리나라에서 버려진 옷은 아프리카나 동남아시아로 보내져요. 해외로 보내진 헌 옷 중 아주 일부만 중고 시장에서 다시 팔리거나 재활용될 뿐, 대부분은 그냥 쌓이고 있어요. 몇몇 나라에서는 거대한 헌 옷 쓰레기 산이 만들어졌지요. 쌓인 헌 옷은 흙과 함께 단단히 굳어 돌덩이처럼 변해요. 이렇게 옷이 오랫동안 쌓여 있으면 땅과 물을 오염시켜요.

연계 키워드 온실가스 기후 변화 미세 플라스틱 제로 웨이스트

개념 잡기

쓰레기는 쓸모없거나 더 이상 쓰지 못하게 되어 버린 물건을 말해요. 우리는 옷뿐만 아니라 이런저런 쓰레기를 너무 많이 버리고 있어요. 감당할 수 없을 정도로 버려진 쓰레기는 재활용되지 못하고 대부분 태워지거나 땅에 묻혀요. 그 과정에서 이산화 탄소나 메테인 같은 온실가스가 많이 나와 지구의 온도가 점점 올라가고 있어요.

버려지는 음식

너무 배불러서 못 먹겠어요!

한쪽은 버리고, 한쪽은 굶고….

굶주린 사람들

지구에는 약 80억 명의 사람이 살고 있지만, 만들어지는 음식의 양은 그보다 훨씬 많아요. 무려 100억 명이 먹을 수 있는 음식이 만들어지고 있지요. 그런데 왜 세계에는 굶주림에 시달리는 사람들이 8억 명이나 될까요? 그 이유는 만들어진 음식의 3분의 1이 버려지기 때문이에요. 1년 동안 10억 톤 넘는 음식물이 쓰레기로 버려지고 있어요. 이는 매일 10억 끼 정도의 식사를 만들 수 있는 양이지요. 먹다 남긴 음식들과 식탁에 오르기도 전에 버려진 음식들은 경제적으로 낭비일 뿐만 아니라 환경에도 심각한 영향을 미쳐요. 음식물 쓰레기는 악취를 내뿜고, 해충이 퍼지게 하는 것은 물

내 몸속에 플라스틱

플라스틱은 가볍고 편리해서 우리 생활 곳곳에 쓰여요. 하지만 그만큼 쓰레기의 양도 매우 많지요. 매년 5200만 톤의 플라스틱이 아무렇게나 버려지고, 불태워지고 있어요.

플라스틱은 그 자체로도 문제지만, 아주 작게 부서진 미세 플라스틱이 새로운 문제를 불러일으키고 있어요. 일상에서 쓰는 페트병이나 포장 용기 같은 플라스틱에서 떨어져 나오는 미세 플라스틱은 물, 음식, 공기를 통해 우리의 몸에 흡수돼요. 흡수된 미세 플라스틱은 더 작은 형태의 미세 플라스틱이 되어 몸속에 쌓이지요. 연구에 따르면 한 사람이 일주일 동안 먹는 미세 플라스틱의 양은 신용 카드 한 장과 비슷한 수준이라고 해요. 몸에 미세 플라스틱이 많이 쌓이면 뇌에 나쁜 영향을 미치고 심장 마비가 일어날 위험도 커지지요.

미세 플라스틱을 덜 먹는 가장 간단한 방법은 플라스틱병에 담긴 물을 마시는 대신 정수된 수돗물을 마시는 거예요.

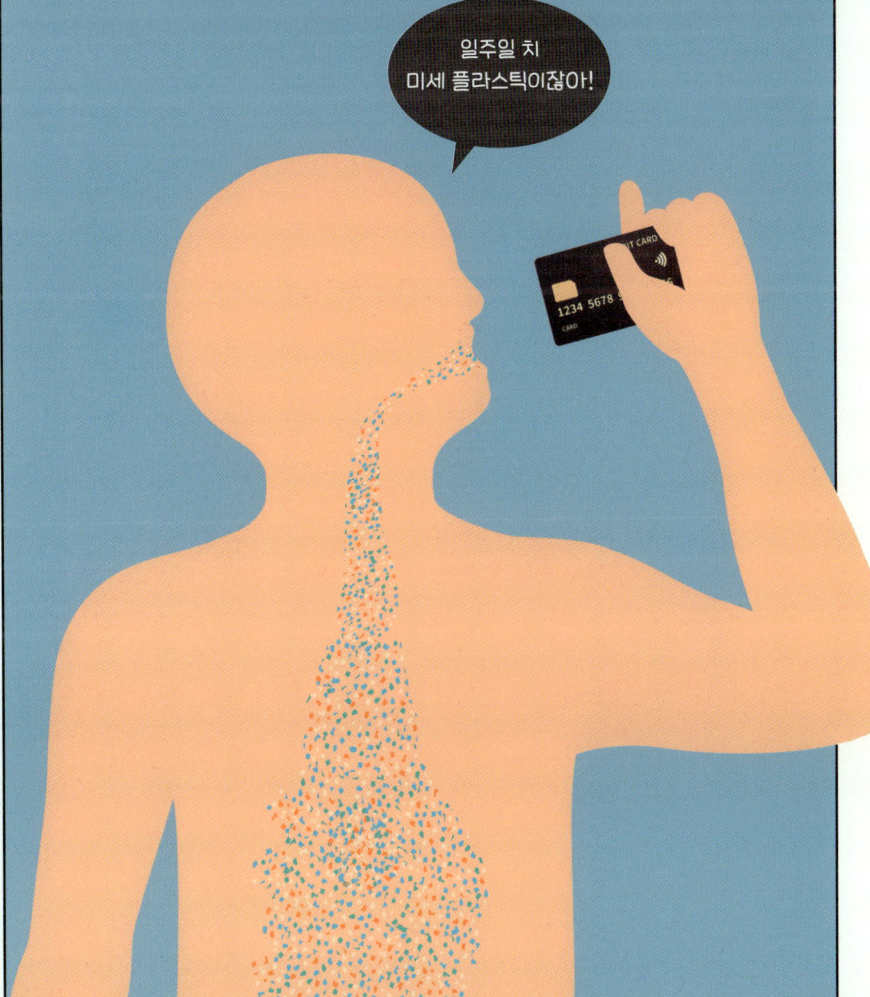

론 지구를 뜨겁게 만드는 온실가스도 많이 배출하거든요. 이는 기후 변화를 불러오고요. 지구를 위해 먹을 만큼만 음식을 준비하고, 음식을 남기지 않으려는 노력이 필요해요.

쓰레기를 줄이자!

제로 웨이스트(Zero waste)란 쓰레기를 최대한 줄여서 환경을 보호하는 것을 뜻해요. 쓰레기로 인해 병들어 가는 지구를 보호하고, 우리의 건강을 지키기 위한 생활 방식이지요. 제로 웨이스트를 실천하는 방법으로는 '5R 운동'이 있어요. 쓰레기를 줄이기 위해 우리가 생활에서 할 수 있는 방법을 R로 시작하는 다섯 개의 단어로 나타낸 거예요.

1 거절하기 Refuse

필요하지 않은 물건은 거절해요. 편의점에서 비닐봉지나 빨대를 받지 않고, 배달 음식을 시킬 때 일회용 수저나 안 먹는 반찬을 거절하는 것도 좋은 방법이에요.

봉투는 안 주셔도 돼요!

주문 요청 사항

☐ [안전 배달] 문 앞에 놓고, 전화 주세요!

☑ 일회용 수저, 젓가락은 안 쓸게요!
　꼭 필요하지 않다면 체크해 주세요. 일회용품 줄이기 어렵지 않아요!

2 줄이기 Reduce

꼭 필요한 것만 사고, 물건을 고를 때는 되도록 포장이 적은 것으로 골라요. 장바구니나 텀블러를 써서 일회용품 사용을 줄이는 것도 바로 '줄이기'이지요.

텀블러에 주세요!

쓰레기를 줄이자!

3 재사용하기 Reuse

다시 쓸 수 있는 물건은 다시 써요. 이면지를 쓰거나, 중고 물건을 사고파는 것이 여기에 해당해요.

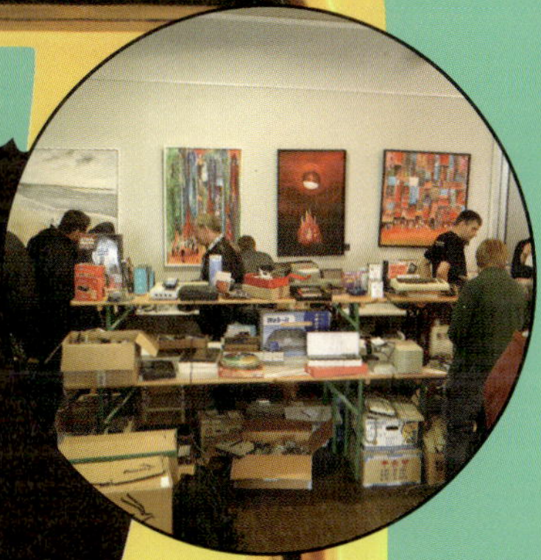

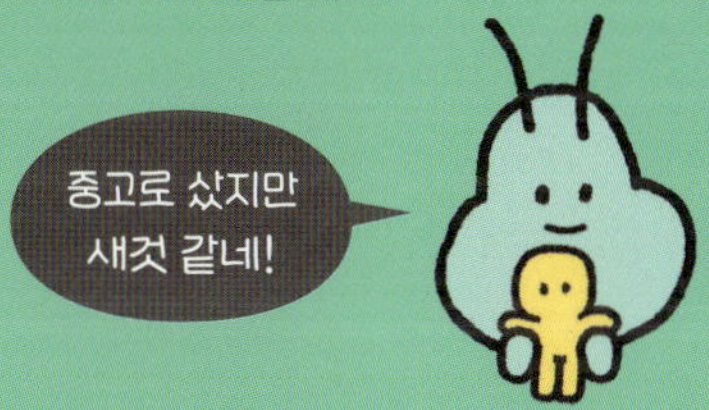

중고로 샀지만 새것 같네!

4 재활용하기 Recycle

종이, 철, 병, 플라스틱 등이 재가공되어 다른 물건의 재료로 쓰일 수 있게 해요. 그러려면 분리배출을 잘하는 것이 필수!

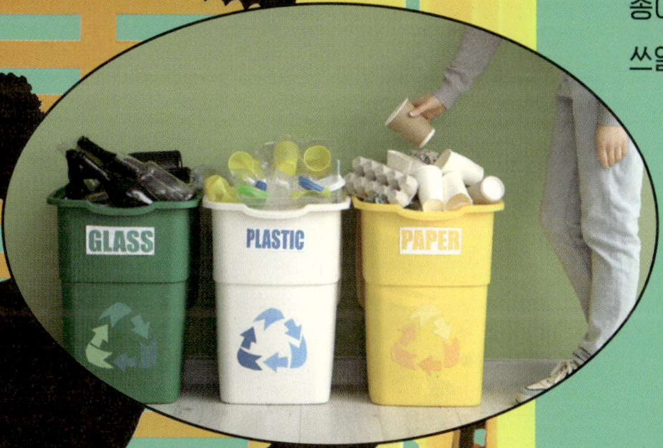

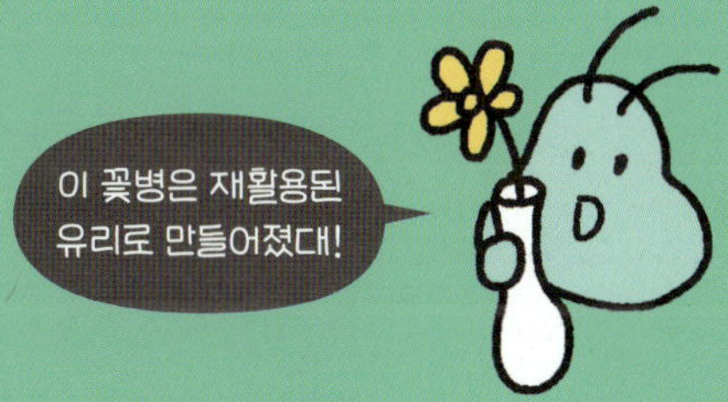

이 꽃병은 재활용된 유리로 만들어졌대!

5 썩히기 Rot

재활용할 수 없는 음식물은 썩혀서 비료나 사료로 활용하게 해요. 그런데 우선 음식물 쓰레기를 줄이면 썩힐 필요도 없겠죠?

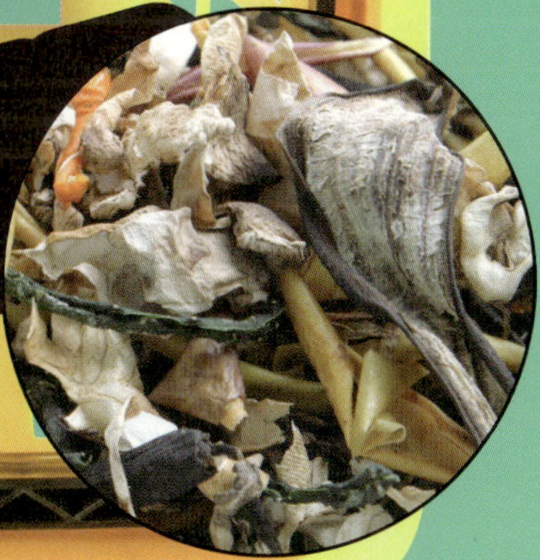

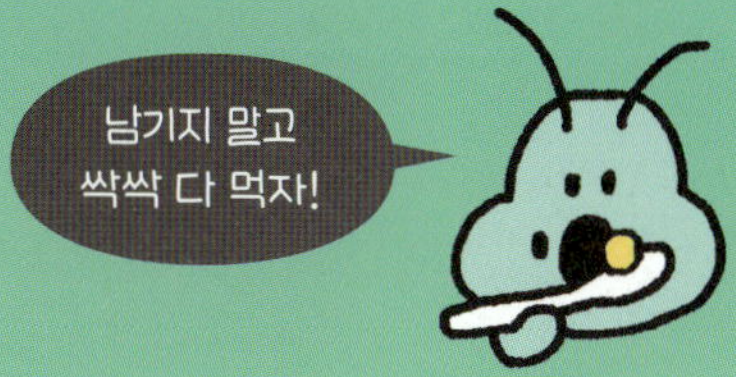

남기지 말고 싹싹 다 먹자!

폭염

최고로 더웠던 올해 여름이 가장 시원한 여름일 거라고?

올해 여름은 그 어떤 여름보다 가장 뜨거운 여름이었어요. 사람들은 입을 모아 '내 인생에서 최고로 더운 여름'이라고 말했지요. 하지만 전문가들은 이글이글 타오르는 뜨거운 지구를 바라보며 충격적인 경고를 했어요. 올해 여름이 앞으로 우리가 경험할 여름 중 가장 시원한 여름이 될지도 모른다고 말이에요.

 연계 키워드 열대야 온열 질환 폐사 수확량

개념잡기

매우 심한 더위를 폭염이라고 해요. 최근 들어 폭염이 더욱 심해진 이유는 사람들이 배출한 온실가스로 인해 지구 표면의 기온이 점점 높아지고 있기 때문이에요. 이는 더워서 생활하기 불편한 정도의 문제로 끝나는 것이 아니에요. 지구에 살고 있는 수많은 생명체의 안전을 위협하고 있으니까요.

2025년 여름이 만들어 낸 더위 기록

매년 더 더워지고 있다는 것은 기록으로도 확인할 수 있어요. 2025년 전국 평균 기온은 25.7도를 기록하며 가장 더웠던 1년 전보다 0.1도 올라 1위 기록을 깼고, 7월 말부터 시작되던 무더위는 한 달 일찍 시작되어 6월 말부터 8월 말까지 이어졌어요. 하루 최고 기온이 33도가 넘은 전국 폭염 일수는 28.1일로 24일이었던 2024년 기록을 뛰어넘었고, 여름에도 시원한 것으로 유명한 대관령에 처음 폭염이 나타났어요. 밤 최저 기온이 25도가 넘은 전국 열대야 일수는 15.5일을 기록했지요. 특히 서울은 무려 46일이나 열대야가 나타나 역대 1위를 차지했어요.

전국 평균 기온

- 1위: 25.7도 (2025년)
- 2위: 25.6도 (2024년)
- 3위: 25.3도 (2018년)

전국 폭염 일수

- 1위: 31일 (2018년)
- 2위: 28.5일 (1994년)
- 3위: 28.1일 (2025년)

서울 열대야 일수

- 1위: 46일 (2025년)
- 2위: 39일 (2024년)
- 3위: 36일 (1994년)

2025년 여름에는 뜨거운 여름을 견디지 못해 온열 질환으로 사망하는 사람이 잇따라 나왔어요. 우리나라에서만 29명의 온열 질환 사망자가 발생했지요. 폭염 때문에 고통받은 건 사람뿐만이 아니었어요. 돼지, 닭 등의 가축 역시 폭염으로 인해 146만 마리 넘게 폐사했거든요. 갑자기 죽었다는 뜻이에요. 바다에 사는 동물들도 예외가 아니에요. 높아진 바다 수온에 적응하지 못한 물고기들이 떼죽음을 당하는 일이 잦고, 차가운 물에 사는 오징어, 명태 같은 물고기의 어획량이 감소해 물고기 가격이 오르기도 해요. 따뜻한 물을 좋아하는 해파리나 상어 같은 물고기가 등장해 사람뿐만 아니라 바닷속 생태계를 위협하기도 하지요.

녹아내린다

4,460명 온열 질환자

1,460,000마리 가축 폐사

9,230,000원 어업 피해

출처: 기상청, 질병관리청, 농림축산식품부, 해양수산부(2025년)

토마토 빠진 햄버거, 배추 빠진 김치?

몸값이 올라 이제 너희들과 함께하기 어렵겠어.

이제 햄버거에 토마토는 없겠군.

 토마토가 빠진 햄버거는 어떤 맛일까요? 토마토를 구하기 어려워지자, 햄버거 가게에서는 토마토 없는 토마토 버거를 판매했어요. 토마토는 35도가 넘는 고온에서 수확량이 확 줄어드는데, 기록적인 폭염으로 인해 토마토 수확량이 큰 폭으로 준 거예요.

 폭염 때문에 수확량이 준 것은 배추도 마찬가지였어요. 그로 인해 배춧값이 치솟자, 사람들은 배추 빠진 김치를 만들기도 했어요. 김치의 주재료인 배추 대신 양배추를 써서 김치를 만든 거예요.

폭염으로 인해 등장!

폭염으로 인한 피해가 늘어나자, 폭염도 재난이 되었어요. 사람들은 폭염을 잘 이겨 내기 위한 방법을 궁리하기 시작했지요.

폭염 재난 문자

기온이 33도가 넘는 날이 이틀 이상 이어질 때 폭염 주의보가 발표되는데, 그러면 전 국민은 폭염 재난 문자를 받아요. 그런데 점점 뜨거워지는 지구 탓에 폭염 재난 문자를 받는 횟수가 매년 늘고 있어요.

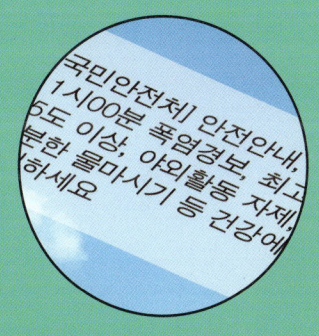

국민안전처] 안전안내, 1시00분 폭염경보, 최고 5도 이상, 야외활동 자제, 분한 물마시기 등 건강에 하세요

쿨링 포그

쿨링 포그는 물을 안개처럼 내뿜어 옷이나 피부 따위를 적시지 않으면서 주변을 시원하게 해 줘요. 미세 먼지도 줄여 주지요.

그늘막

더운 여름, 땡볕 아래에서 신호가 바뀌기를 기다리기 힘들었죠? 주로 횡단보도 앞에 설치된 그늘막은 잠시나마 더위를 식히며 신호를 기다리게 해 줘요.

바닥 분수

물놀이하라고만 만든 게 아니에요. 바닥에서 물이 뿜어져 나오는 바닥 분수는 주변을 시원하게 해 주거든요.

양산

양산을 쓰면 체감 온도를 10도 낮춰 주고, 자외선도 차단된대요.

휴대용 선풍기

한여름 폭염을 이겨 내기 위한 전 국민 필수품! 밖에서도 시원하게 땀을 식혀 줘요.

해수면 상승

이 빙하가 녹으면
지구는 끝이라고요?

남극 빙하의 마개 역할을 하는 '스웨이츠 빙하'가 빠르게 녹고 있어 많은 과학자가 경고를 보내고 있어요. '종말의 날 빙하'라고도 불리는 스웨이츠 빙하는 바다로 떠내려가려고 하는 남극 땅 위의 빙하들을 막고 있는 거대한 얼음덩어리예요. 만약 한반도보다 조금 작은 크기의 스웨이츠 빙하가 모두 녹아내리면 지구의 해수면이 65센티미터 정도 높아질 것으로 추측돼요. 그런데 더 큰 문제는 스웨이츠 빙하가 녹아 사라지면 주변 빙하들이 연이어 녹아서 바다로 흘러 내려올 수 있다는 거예요. 마치 물병 뚜껑이 열린 것처럼요. 그러면 지구 해수면은 3미터 넘게 높아질 수도 있어요. 지구는 상상하지 못할 위기를 맞이하게 되는 거지요.

 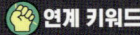 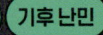

개념잡기

해수면은 바닷물의 표면을 뜻해요. '해수면 상승'은 바닷물의 높이가 높아지는 현상을 말하지요. 해수면이 높아지는 건 기후 변화 때문이에요. 절대 녹을 것 같지 않던 전 세계의 빙하가 빠른 속도로 녹으면서 바다에 많은 물을 더하고 있거든요. 거기에 바닷물이 따뜻해지면서 바다의 부피가 커져 해수면은 점점 올라가고 있어요. 그로 인해 전 세계에서 여러 가지 문제가 일어나고 있지요.

네? 해운대가 잠긴다고요?

안 돼!

우리나라도 안전하지 않아요. 우리나라 해수면은 지난 30년 동안 10센티미터 정도 높아졌어요. 그런데 지금처럼 지구 온도가 높아진다면, 2100년에는 82센티미터나 높아질 거라고 해요.

이렇게 해수면이 높아지면 우리나라 땅에도 많은 변화가 생겨요. 우선 제주도의 많은 땅이 물에 잠길 거예요. 사람이 살 수 있는 땅이 얼마 남지 않아서 제주 도민 약 30만 명이 내륙으로 삶의 터전을 옮겨야 할 것으로 추정되지요. 여름 휴가지로 유명한 부산 해운대 해수욕장을 비롯해 남해안, 서해안도 침수돼 사람이 살 수 없게 돼요. 인천시와 부천시 일부 그리고 인천 공항과 김포 공항도 물에 잠길 수 있어요.

바닷물이 땅에 스며들어서

해수면이 상승하자 소금을 머금은 바닷물이 땅에 스며들어 여러 가지 문제를 일으키고 있어요.

방글라데시에서는 농사짓는 땅에 바닷물이 스며들어 작물을 키우기 어려운 상황에 부닥쳤어요. 베트남 메콩강 근처 역시 비슷한 상황이에요. 전 세계의 쌀 생산을 책임지는 이곳에서 농사를 짓기 어려워지면서 식량 부족 문제도 심각해지고 있지요.

미국 마이애미에서는 바닷물이 지하로 스며들어 건물을 약하게 만들고 있어요. 오래된 건물들은 무너질 위험이 커졌지요. 미국 일부 해안 지역에서는 해수면이 높아지고 바닷물이 육지로 스며들면서 담수 대신 소금물을 먹게 된 나무가 썩거나 말라 죽고 있어요. 죽은 나무는 회색 기둥처럼 서 있는데, 그 모습이 마치 유령처럼 보여서 유령 숲이라고 불리지요. 바닷가 근처의 숲이 사라지면서 그곳에 살던 야생 동물이 살 곳을 잃는 등 주변의 생태계에도 큰 영향을 미치고 있어요.

유령 숲(미국 내그스 헤드 산림 보호 구역)

기후 때문에 난민이 된다니요!

해안가에 있는 나라나 섬나라들은 해수면이 올라가며 점점 국토가 줄어들고 있어요. 삶의 터전을 잃게 된 사람들은 기후 난민이 될 위기에 내몰리고 있지요.

태평양의 작은 섬나라 투발루는 해수면이 상승하면서 아홉 개의 섬 중 두 개가 바닷속으로 가라앉았어요. 나라 전체가 물에 잠길 위기에 놓이자, 투발루의 외무부 장관은 바다에 들어가 연설을 했어요. 원래 땅이 드러나 있었지만, 해수면 상승으로 물에 잠긴 곳이었지요. 투발루가 처한 위기를 알리고 함께 문제를 해결하자고 세계에 강렬하게 제안한 거예요.

이대로라면 우리 투발루는 물에 잠깁니다.

수치로 보는 기후 난민
국내외에서 기후 변화로 삶의 터전을 떠난 사람 포함

1분에 약 **87**명의 기후 난민 발생

2024년 기후 난민 **4580**만 명

전쟁 난민의 약 **2.3**배

2050년까지 기후 난민 **10**억 명 예상

출처: 자국 내 난민감시센터(IDMC) 보고서(2025년), 유엔 국제이주기구(IOM) 보고서(2009년)

천연기념물 수달, 교통사고로 사망하다!

수달은 개체 수가 크게 줄어들어 곧 사라질 것으로 여겨지는 멸종 위기 야생 생물 1급이에요. 그래서 천연기념물로 정해 나라에서 법으로 보호하고 있지요. 수달이 사라지는 가장 큰 원인 중 하나는 바로 동물 찻길 사고(로드킬)라고 해요. 도로나 건물을 만들기 위해 숲과 강을 개발하면서 그곳에 살던 수달들이 갈 곳을 잃고 사고를 당하는 일이 많은 거지요. 수달뿐만 아니라 나라에서 보호하는 생물이 목숨을 잃는 일은 해마다 늘어나고 있어요.

연계 키워드: 멸종 · 서식지 파괴 · 산호초 · 생태계 · 전염병

개념 잡기

생물 다양성이란 다양한 생물들이 함께 어우러져 살아가는 것을 말해요. 여기에는 동물, 식물, 곤충, 미생물뿐만 아니라, 생물이 사는 환경의 다양성까지도 포함돼요. 한 생물이 사라지면 다른 생물도 영향을 받아요. 벌이 사라지면 꽃가루를 옮겨 줄 수 없어서 과일이 잘 열리지 않게 되는 것처럼요. 그래서 생물 다양성을 지키는 것이 필요해요.

도도새가 사라지자 벌어진 일

사람이 처음으로 멸종시킨 동물, 도도새의 이야기를 알고 있나요? 아프리카의 작은 섬 모리셔스에 살던 도도새는 날개가 있지만 날지 않는 새였어요. 섬에 천적이 없었기 때문에 날 필요가 없었거든요. 그런데 사람들이 섬에 들어온 뒤 도도새의 처지는 완전히 달라졌어요. 서식지 파괴로 살아가기가 어려워졌으니까요. 뿐만 아니라 사람들에게 마구잡이로 사냥당했어요. 사람과 함께 온 쥐와 고양이 같은 동물은 도도새의 알을 먹어 치웠지요. 그 결과 도도새는 멸종하고 말았어요. 그런데 도도새가 사라지자 도도나무도 점점 줄어들기 시작했어요. 도도새가 이 나무의 열매를 먹고 씨앗을 퍼뜨려 번식을 도왔는데, 도도새가 없으니 도도나무도 더 이상 번식할 수 없게 된 거예요.

이처럼 하나의 생물이 멸종하면 함께 살아가던 다른 생물들도 영향을 받아 위기에 처할 수 있어요. 모든 생물은 서로 연결되어 있기 때문에 생물 다양성을 지키는 것은 곧 우리를 지키는 일이에요.

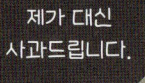

제가 대신 사과드립니다.

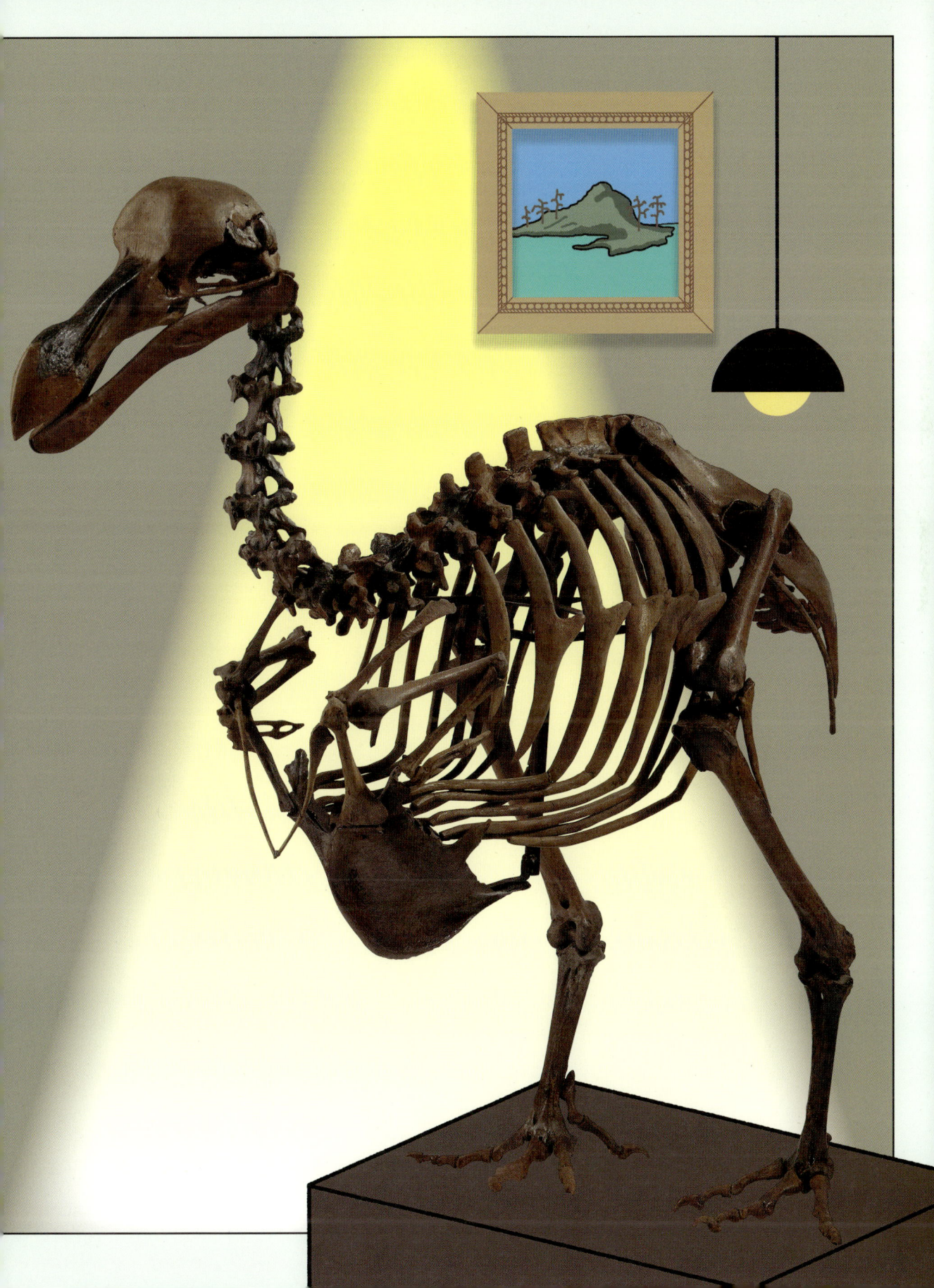

선크림이 바다 생물을 위협해?

바닷속에는 많은 생물이 살아가고 있어요. 그중에서도 산호초는 해양 생태계에서 아주 중요한 역할을 해요. 산호초가 있는 곳에는 많은 물고기와 해양 생물들이 모여 살거든요. 그런데 이런 산호초가 하얗게 말라 죽어 가고 있어요.

산호초의 죽음에는 우리가 피부를 보호하기 위해 바르는 자외선 차단제가 큰 영향을 끼쳐요. 자외선 차단제에 들어 있는 옥시벤존과 옥티노세이트 같은 성분은 사람의 피부는 보호하지만, 산호초에는 치명적인 영향을 끼치거든요.

산호초가 사라지면 수많은 해양 생물은 살 곳을 잃게 되어 그 수가 점점 줄어들 거예요. 그래서 미국의 섬 하와이에서는 옥시벤존과 옥티노세이트가 든 자외선 차단제의 판매를 금지했어요. 태국에서도 이 두 성분이 든 자외선 차단제를 쓰는 것을 막고 있지요. 산호초를 지키고 해양 생태계를 지키기 위해서예요. 우리도 선크림을 바를 때 성분을 꼼꼼히 살펴봐야 할 때예요.

생물 다양성이 훼손되면
전염병이 번진다고요?

몇 년 동안 우리를 두렵게 했던 코로나와 같은 전염병은 야생 동물에게서 옮겨졌다고 추측돼요. 그래서 어떤 사람들은 야생 동물을 없애야 한다고 주장했지요. 하지만 과학자들은 오히려 다양한 야생 동물이 자연에서 잘 살아가도록 보호해야 전염병을 막을 수 있다고 말해요.

도시를 개발하면서 자연을 망가뜨리면, 살 곳 잃은 야생 동물들은 사람들이 사는 도시로 오게 돼요. 이때 동물들이 갖고 있던 바이러스가 사람에게 퍼지게 되지요. 이처럼 생태계 파괴로 인해 생물 다양성이 훼손되면 전염병이 발생할 가능성이 무려 857퍼센트나 높아진다고 해요. 전염병은 야생 동물 때문이 아니라 생태계를 파괴한 사람 때문에 번진 거예요. 그동안 애꿎은 야생 동물만 오해를 받았던 거지요.

전염병 857% 증가!

탄소 중립

2024 파리 올림픽에서

2024년 파리 올림픽 선수촌 식당에서는 고기반찬을 보기 힘들었어요. 이산화탄소 같은 온실가스를 많이 내보내는 고기 대신 채소를 중심으로 식단을 구성한 거예요. 선수들은 미쉐린 스타 셰프가 준비한 친환경 식단을 경험할 수 있었답니다. 또한, 파리 올림픽에서는 새 경기장을 많이 짓는 대신 원래 있던 경기장을 최대한 활용했어요. 선수촌의 모습도 달랐어요. 침대는 프레임을 골판지로 만들었고, 에어컨 대신 선풍기를 쓰게 했지요. 이처럼 파리 올림픽은 환경을 생각하며 탄소 배출을 줄이는 다양한 시도를 했답니다.

연계 키워드: 화석 연료 · 온실가스 · 탄소 배출 · 재생 에너지 · 탄소 배출권

개념잡기

탄소 중립이란 내보내는 탄소와 흡수하는 탄소의 양을 같게 만들어서 탄소 배출량을 0으로 만드는 것이에요. 전 세계는 탄소 배출을 줄이는 것을 넘어 탄소 중립을 이루기 위해 노력하고 있어요. 사람들이 배출하는 온실가스를 최대한 줄이고, 이미 배출된 온실가스는 숲을 통해 흡수하거나 첨단 기술로 없애려 하지요. 탄소 중립을 이뤄 지구의 온도를 더 이상 올리지 않게 하려는 거예요.

우리는 매일 탄소를 엄청 많이 내뿜어!

아침에 일어나서 밤에 잠들 때까지 우리가 하는 모든 일은 에너지를 필요로 해요. 집과 학교에서 쓰는 전기, 어딘가에 갈 때 타는 교통수단 등을 움직이게 하는 것은 대부분 석탄과 석유, 천연가스 같은 화석 연료예요. 이 연료들을 태워서 에너지를 얻지요. 그런데 그 과정에서 화석 연료 안에 있던 탄소가 이산화 탄소로 나와요. 우리가 에너지를 많이 쓸수록 화석 연료를 더 많이 태우게 될 테고, 그러면 엄청난 양의 이산화 탄소를 내뿜게 되는 거예요. 이산화 탄소는 지구를 뜨겁게 만드는 온실가스이기 때문에 이산화 탄소가 많이 나오면 나올수록 지구의 온도는 계속 올라갈 수밖에 없어요. 지구가 뜨거워지면서 여러 가지 문제가 생기고 있기 때문에 전 세계에서는 탄소 배출을 줄이기 위해 노력하고 있어요.

탄소를 배출하려면 돈을 내야 한다고요?

100만 원어치 삽니다.

탄소 배출권

아껴 쓰세요.

탄소 중립을 위해!

탄소 중립을 이루기 위한 가장 쉬운 방법은 온실가스를 아예 안 내보내는 거예요. 그러나 우리가 아무런 행동을 안 하고 살 수는 없기에 일상생활을 이어 가면서 탄소를 적게 내보낼 방법을 찾고 있어요.

자연의 힘으로 만든 에너지

햇빛, 바람, 물 같은 자연의 힘으로 전기를 만들 수 있어요. 이렇게 만들어진 에너지를 재생 에너지라고 불러요. 재생 에너지를 만들 때는 이산화 탄소가 나오지 않아요. 그래서 몇몇 나라에서는 재생 에너지만 쓰려고 노력하고 있어요.

▶태양 에너지를 전기로 바꿔 주는 태양 전지판

▼바람의 힘을 전기로 바꿔 주는 풍력 발전기

친환경 연료로 움직이는 자동차

전기 차와 수소 차가 대표적이에요. 이 두 종류의 차는 유해 물질도 적게 내뿜지요. 그러나 전기나 수소도 화석 연료로 만들어져서 완벽한 해결책은 아니에요.

전기의 힘으로 움직이는 전기 차

나무가 우거진 숲

식물은 우리가 내보내는 이산화 탄소를 흡수해요. 식물이 많을수록 이산화 탄소의 양은 줄어들지요. 그렇지만 나무가 이산화 탄소를 흡수하는 양보다 사람들이 내보내는 양이 훨씬 많아서 탄소 중립을 위해서는 엄청난 양의 나무가 필요해요.

우리가 쓰는 물건을 만들 때도 탄소가 많이 나와요. 그래서 정부에서는 탄소 배출량을 줄이기 위해 기업들이 배출할 수 있는 탄소의 양을 정해 두었어요. 이것을 탄소 배출권이라고 해요.
정해진 양보다 탄소를 많이 배출한 기업은 그만큼 탄소 배출권을 돈을 주고 사야 해요. 반대로 탄소를 적게 배출한 기업은 남은 탄소 배출권을 다른 기업에 팔 수 있어요. 이렇게 하면 환경도 지키고, 돈도 벌 수 있지요. 하지만 우리나라의 경우 탄소 배출권 가격이 너무 낮고 사는 것도 쉬워서 기업들은 탄소 배출량을 줄이려는 노력을 별로 하지 않아요.

탄소 배출권 가격이 비싸면 탄소를 덜 배출하려 해요.

A 기업: 배출 허용량, 초과 감축량, 실제 배출량 — 판매 가능
B 기업: 초과 배출량, 배출 허용량, 실제 배출량 — 구매 가능

탄소 배출권 거래제

한국 약 1만 350원 / 중국 약 1만 8000원 / 유럽 약 12만 원

탄소 배출권 가격 (단위: 1톤당 원)

출처: 한국거래소(KRX) 배출권시장 정보플랫폼, 상하이 환경 에너지 거래소, ICE 유럽 선물 거래소(ICE Futures Europe)(2025년 11월 거래 가격 기준)

사회

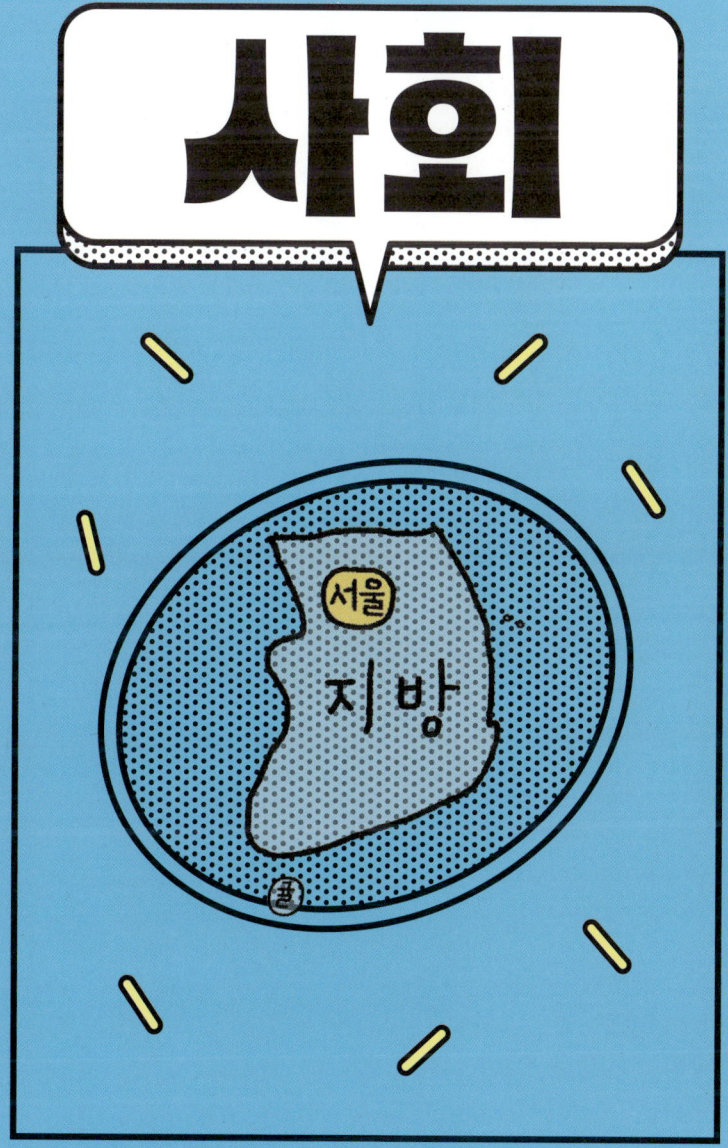

주제
가족 · 저출생 · 수도권 집중 · 인권 · 정보 격차

가족

정상 가족은 없어요!

지민이는 아빠와 단둘이 살고 있어요. 수아는 외국인 엄마, 한국인 아빠와 함께 살아요. 현우는 할머니, 할아버지와 살고 있지요. 예전에는 엄마, 아빠, 자녀로 이루어진 가족이 많았지만, 지금은 그렇지 않아요. 결혼하지 않고 함께 사는 비혼 가족이나 부모 중 한 명이 혼자 아이를 키우는 한 부모 가족이 늘고 있어요. 친구와 함께 사는 비친족도 있답니다. 이처럼 가족의 모습은 시대에 따라 다양해질 수 있어요.

 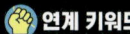 연계 키워드 1인 가구 비친족

깜짝 테스트!

다음 중 가족에 해당하는 구성은?
① 엄마, 아빠, 아들, 딸
② 할머니, 손자
③ 엄마와 아기
④ 함께 사는 친구 두 명

정답 ①, ②, ③, ④ 모두 입니다. 요즘은 가족의 형태가 다양해질 수 있답니다.

개념잡기

가족은 보통 혼인이나 혈연, 입양으로 맺어진 집단을 말해요. 우리나라 법에서 이런 관계만 가족으로 인정하죠. 그러나 최근에는 다양한 가족 형태가 나타나고 있어요. 그 이유는 결혼과 출산에 대한 사람들의 생각이 변했기 때문이에요. 게다가 높은 물가와 치열한 경쟁으로 전통적인 형태의 가족을 꾸리는 것이 쉽지 않기 때문이기도 해요.

혼자 사는 사람이 늘고 있어요!

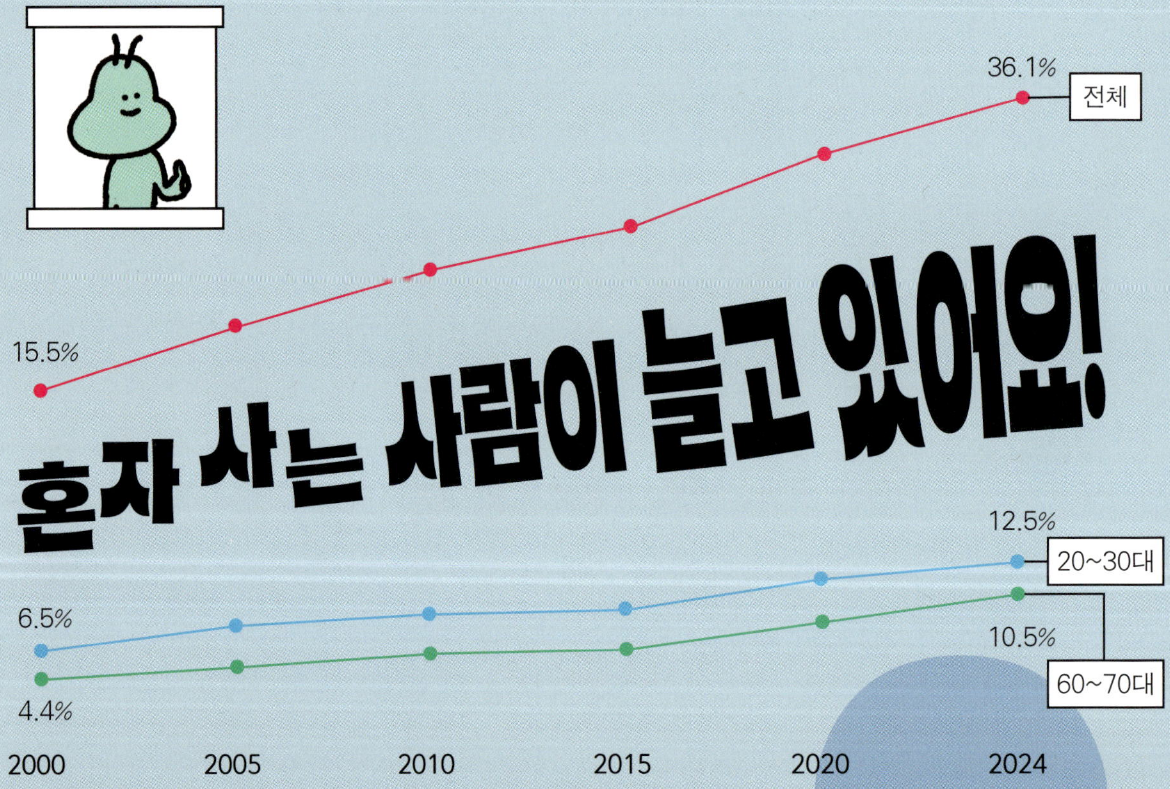

전체: 15.5% → 36.1%
20~30대: 6.5% → 12.5%
60~70대: 4.4% → 10.5%

(2000, 2005, 2010, 2015, 2020, 2024)

출처: 국가데이터처

우리나라에서 가장 많은 가족 구성 형태는 뭘까요? 4인 가구라고 생각하는 사람이 많겠지만, **1인 가구**가 가장 많아요. 2000년에는 100가구 중 15가구가 1인 가구였지만, 지금은 100가구 중 36가구가 1인 가구랍니다. 보통 1인 가구 하면 20~30대 청년층을 떠올리기 쉬워요. 그러나 60~70대 노년층에서 혼자 사는 사람의 비중도 꽤 높아요.

사람들이 혼자 사는 이유는 다양해요. 20~30대는 경제적인 부담으로 결혼과 출산을 꺼려서 혼자 사는 경우가 많아요. 60~70대의 경우는 배우자가 사망하거나 이혼한 뒤 혼자 사는 사람이 많지요. 거기에 더해 청년층과 노년층 모두 개인의 삶을 즐기고 싶은 경향이 커진 게 또 다른 이유가 되고 있다네요.

남남끼리 살아도 가족입니다

가족

1인 가구뿐만 아니라 꾸준히 늘고 있는 가족 형태가 있어요. 바로 연인이나 친구 등 지인과 함께 사는 **비친족**이에요. 비친족은 혈연이나 법적인 혼인으로 맺어지지 않은 5인 이하의 가구를 말해요. 친구, 연인과 동거하는 경우를 비롯해 혼인 신고를 하지 않은 비혼 커플, 동성 부부 등이 비친족에 속하지요. 이렇게 사는 비친족은 무려 100만 명이 넘는다고 해요. 그러나 우리나라 법에서는 비친족을 가족으로 인정하지 않아요. 그로 인해 비친족이 겪는 어려움이 많아요. 아플 때 병원에서 보호자로 인정받지 못해 중요한 결정을 대신해 줄 수 없고, 집을 살 때 정부의 지원을 받을 수도 없어요. 통신사 가족 할인 같은 생활 혜택도 받을 수 없지요. 그에 반해 호주, 스웨덴, 프랑스, 일본 등 다른 나라에서는 결혼하지 않아도 법적 가족으로 인정해 주고 있어요.

이제는 작은 게 대세!

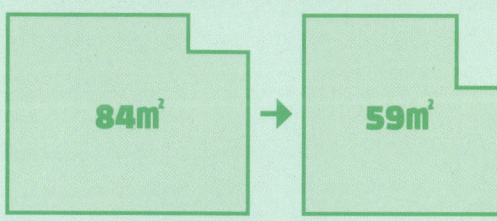

예전에는 3~4인 가구가 살기에 적합한 84제곱미터(32~35평)가 국민 평형이라 불렸어요. 그런데 1~2인 가구가 늘어나면서 그보다 작은 59제곱미터(23~26평)를 찾는 사람이 많아졌어요.

수박처럼 큰 과일은 혼자 다 먹기 어려워요. 그래서 편의점 등에서는 혼자 사는 사람들을 위해 작게 포장한 과일을 팔기 시작했어요.

1~2인 가구가 늘어나면서 크기가 작은 가전제품이 인기예요. 대형 텔레비전 대신 이동식 텔레비전을, 대형 밥솥 대신 미니 밥솥을 선호하죠. 소형 가전제품은 공간 활용을 잘할 수 있다는 장점 때문에 1~2인 가구뿐만 아니라 3~4인 가구에서도 많이 쓴다고 해요.

유아차 대신 개모차

요즘은 아기를 태운 유아차보다 강아지를 태운 개모차를 더 자주 볼 수 있어요. 개모차는 개와 유모차(유아차)를 합친 신조어로, 실제로 개모차가 유아차보다 더 많이 팔렸다는 뉴스도 나왔어요. 왜 이런 일이 생긴 걸까요? 태어나는 아기의 수가 줄고, 반려동물을 키우는 사람이 늘어난 이유가 클 거예요. 유아차보다 개모차가 흔해졌듯, 산부인과는 줄고, 동물 병원은 늘고 있대요.

 연계 키워드 고령화 생산 가능 인구 출산 지원금 육아 휴직

개념잡기

태어나는 아기의 수가 점점 줄어드는 현상을 저출생이라고 해요. 바쁘게 일하느라 아기 낳는 것을 미루거나 포기하는 어른들이 많아진 거예요. 게다가 요즘은 아이를 키우기 위한 비용이 많이 들기 때문에 아기 낳는 것을 고민하는 사람들도 많지요.

우리 반은 나 혼자, 할아버지네 반은 북적북적

저출생이 계속되면 학교에 다닐 아이들이 줄어들어 문을 닫는 학교가 많아져요. 지금도 학생 수가 적어 운동회나 모둠 활동 같은 단체 활동에 어려움을 겪는 학교들이 많지요. 반면 할머니, 할아버지들이 모여 놀이 활동을 하고 새로운 것을 배우는 노인 유치원은 점점 늘어나고 있어요. 초등학교나 유치원이 노인 유치원으로 바뀌는 경우도 많지요. 태어나는 아기의 수는 적고, 오래 사는 할머니, 할아버지는 많아지면서 생긴 변화예요. 이처럼 전체 인구에서 노인이 차지하는 비율이 높은 현상을 고령화라고 해요.

일할 사람이 점점 사라진다!

15세에서 64세까지 일할 능력을 갖춘 사람의 수를 생산 가능 인구라고 해요. 그런데 저출생으로 일할 수 있는 사람이 줄어들면 일손이 부족해져요. 그대로 두면 우리나라 경제가 위기에 처할 수도 있지요. 그래서 정부와 기업들은 로봇이나 인공 지능(AI)으로 사람을 대체하거나 외국인 노동자를 고용하는 등 여러 가지 대책을 세우고 있어요. 하지만 교사나 의료진 등 기계나 외국인으로 대체하기 어려운 직종도 있어서 완벽한 대안이 되지 못해요.

저출생 문제, 이렇게 해결해 볼게요!

아이 낳으면 1억 주는 인천

충청북도, 5명 낳으면 월 500만 원 지원

일본, 아이만 낳으면 출산 비용은 모두 공짜!

"셋째 낳으면 집도 준다!" 모 건설 회사의 파격 정책

모 게임 회사의 육아 복지 "아이 낳으면 1억 받고 2년 쉰다!"

헝가리, 아기 넷을 낳으면 세금 안 내도 된다!

아기 낳으면 이거 다 드릴게요

아기를 낳는 가정에 도움이 되도록 나라에서 돈을 지원해요. 이를 <mark>출산 지원금</mark>이라고 해요. 돈뿐만 아니라 기저귀나 분유 등의 육아용품을 추가로 지원하기도 해요.

아기는 우리에게 맡겨요

부모의 양육 부담을 덜어 주는 돌봄을 지원해요. 맞벌이 부모를 위해 아이를 돌봐 주는 국공립 어린이집, 갑작스러운 긴급 상황에 아이를 맡길 수 있는 24시간 아이 돌봄 센터 등이 생겨났어요.

아기 낳았다고요? 육아 휴직 하세요!

아이를 낳으면 일정 기간 직장에 가지 않고 아이를 돌볼 수 있도록 만든 제도를 <mark>육아 휴직</mark>이라고 해요. 우리나라에서는 만 8세 이하의 아이가 있는 남녀 근로자라면 최대 1년 6개월 동안 육아 휴직을 쓸 수 있어요.

수도권 집중

대한민국에는 서울만 있나요?

한 어린이가 그린 우리나라 지도가 온라인에서 화제가 된 적이 있어요. 우리나라를 서울과 시골 이렇게 두 지역으로 나눠 표현한 지도였지요. 이 어린이는 우리나라 지도를 왜 이렇게 그렸을까요?

서울은 우리나라의 수도예요. 우리나라 사람들은 서울과 그 주변에 몰려 살죠. 무려 절반의 인구가 우리나라 면적의 10퍼센트밖에 되지 않는 이곳에 살고 있대요. 이 지역을 수도권이라고 부른답니다. 많은 사람들이 수도권으로 몰려드는 이유는 뭘까요?

 연계 키워드

교통 체증 · 빌딩 숲 · 지방 소멸 · 식품 사막 · 농촌 활성화

북한

서울

시골

개념잡기

수도권 집중이란 서울과 그 주변 지역인 수도권에 인구와 기초 생활 시설 등이 몰려 있는 현상을 말해요. 그런데 수도권으로만 인구가 너무 몰리면서 여러 가지 문제가 생기고 있어요. 반면 지방은 인구와 편의 시설이 줄어들어 사라질 위기에 처했지요.

수도권에만 다 있어!

수도권에 사람이 몰린 이유에는 여러 가지가 있어요. 우선 회사나 공장이 수도권에 많아서 일자리를 찾아 수도권으로 옮겨 온 사람들이 많아요. 사람들이 몰리자, 생활에 필요한 다양한 시설이 수도권에 많이 만들어지기 시작했지요. 그 결과, 대학교, 병원, 문화 시설 등이 수도권에 집중되었어요. 또한, 수도권 지역이 점점 확대되면서 각 지역을 잇는 교통도 발달했지요. 반대로 지방에는 사람이 줄어들면서 의료 시설이나 교육 시설 들이 점점 줄었어요. 지방 사람들은 불편을 겪을 수밖에 없지요.

매출이 높은 1000대 기업 수

수도권 744
- 서울 530
- 경기 177
- 인천 37

나머지 지역 253
- 강원 7 경남 37 경북 33 광주 10 대구 19
- 대전 12 부산 31 세종 4 울산 25
- 전남 14 전북 8 제주 3 충남 36 충북 17

수도권은 우리나라 면적의 10퍼센트밖에 안 되는데 주요 시설이 이렇게 많이 집중되어 있다니!

상급 종합 병원 수

수도권 23
- 서울 14
- 경기 6
- 인천 3

나머지 지역 24
- 강원 2 경남 3
- 광주 2 대구 5
- 대전 2 부산 4
- 울산 1 전남 1
- 전북 2 충남 1
- 충북 1

백화점 수

수도권 40
- 서울 21
- 경기 18
- 인천 1

나머지 지역 27
- 강원 1 경남 4
- 경북 1 광주 2
- 대구 4 대전 3
- 부산 5 울산 3
- 전북 1 충남 2
- 충북 1

출처: 부산상공회의소 2024년 조사 보고서, 보건복지부 제5기(2024년~2026년) 상급 종합 병원 명단, 주요 5대 백화점(롯데, 신세계, 현대, 갤러리아, AK)홈페이지(2025년 기준)

교통 천국일까요, 전쟁터일까요?

수도권은 교통이 매우 편리해요. 지하철역이 곳곳에 있어 어디서든 쉽게 이동할 수 있고, 버스도 자주 와요. 하지만 사람이 너무 많이 몰려 살다 보니 불편한 점도 많아요. 출퇴근 시간이 되면 지하철과 버스는 사람들로 꽉 차서 숨쉬기도 어려울 만큼 복잡해져요. 문이 닫히기 직전까지 승객들이 몸을 밀어 넣고, 낯선 사람과 몸을 맞댄 채 서 있어야 하는 일도 흔해요.

그렇다면 자가용을 이용하는 사람은 편리할까요? 그렇지 않아요. 사람만큼 차도 많아서 차가 밀리는 일이 흔하거든요. 특히 사람들이 많이 움직이는 출퇴근 시간 때는 교통 체증이 없는 곳이 거의 없지요. 차가 많아 도로가 복잡하니 교통사고도 자주 일어나요. 교통사고가 나면 차가 더 막히는 악순환이 반복되지요. 또 다른 문제는 주차할 공간이 없다는 거예요. 한 집에 한 대 이상 차를 갖고 있는 경우가 많아지면서 여러 사람이 사는 동네나 아파트에서는 매일 주차 전쟁이 일어나고 있어요.

빵빵
빵빵

이렇게 집이 많은데, 내 집은 없네

수도권에는 아파트와 빌딩이 가득해요. 수도권에 사람이 몰리자 자연이 있던 자리에 건물을 지어 많은 사람이 살게 한 거예요. 곳곳에 세워진 건물들의 모습이 마치 숲에 나무가 빽빽하게 들어선 것 같아 빌딩 숲이라고 부르기도 해요. 하지만 이렇게 많은 건물이 있어도 집을 사기는 어려워요. 수도권에 우리나라 인구의 절반 정도가 살고 있는데, 사람 수보다 집의 수가 적기 때문이에요. 그 결과 집값은 계속 오르고, 집을 사는 것은 점점 더 어려워져요. 특히 서울에는 평생을 일해서 돈을 모아도 사기 어려울 정도로 비싼 집들이 많아서 사람들은 비교적 집값이 저렴한 수도권 외곽 지역에 집을 구하고 있어요. 그런데 대부분의 직장은 서울에 있어서 사람들은 하루에 평균 1시간 30분 정도를 출퇴근으로 쓰지요. 1년에 무려 한 달(720시간)을 길 위에서 보내는 거예요. 그래서 사람들의 통근 시간을 줄여 주기 위해 지하철을 연장하거나, 광역 철도(GTX)를 개통하기도 해요.

지방이 사라질 수 있다?

지방 소멸이란 수도권이 아닌 지역, 즉 지방 소도시나 시골에 사는 사람이 점점 줄어들어 결국에는 사람이 거의 살지 않게 되는 것을 뜻해요. 사람들이 일자리나 학교 때문에 서울 같은 수도권 도시로 떠나면서 지방이 쇠퇴하는 문제를 강력하게 표현한 말이죠. 실제로 우리나라 228개 시군구 중에서 130곳은 사람이 너무 줄어 지방 소멸 위험이 있어요. 지방에 사는 사람들이 줄어들수록 그 지역의 학교, 병원, 가게 등의 운영이 어려워져서 문을 닫게 되고, 지방이 소멸될 위기에 처하는 거예요.

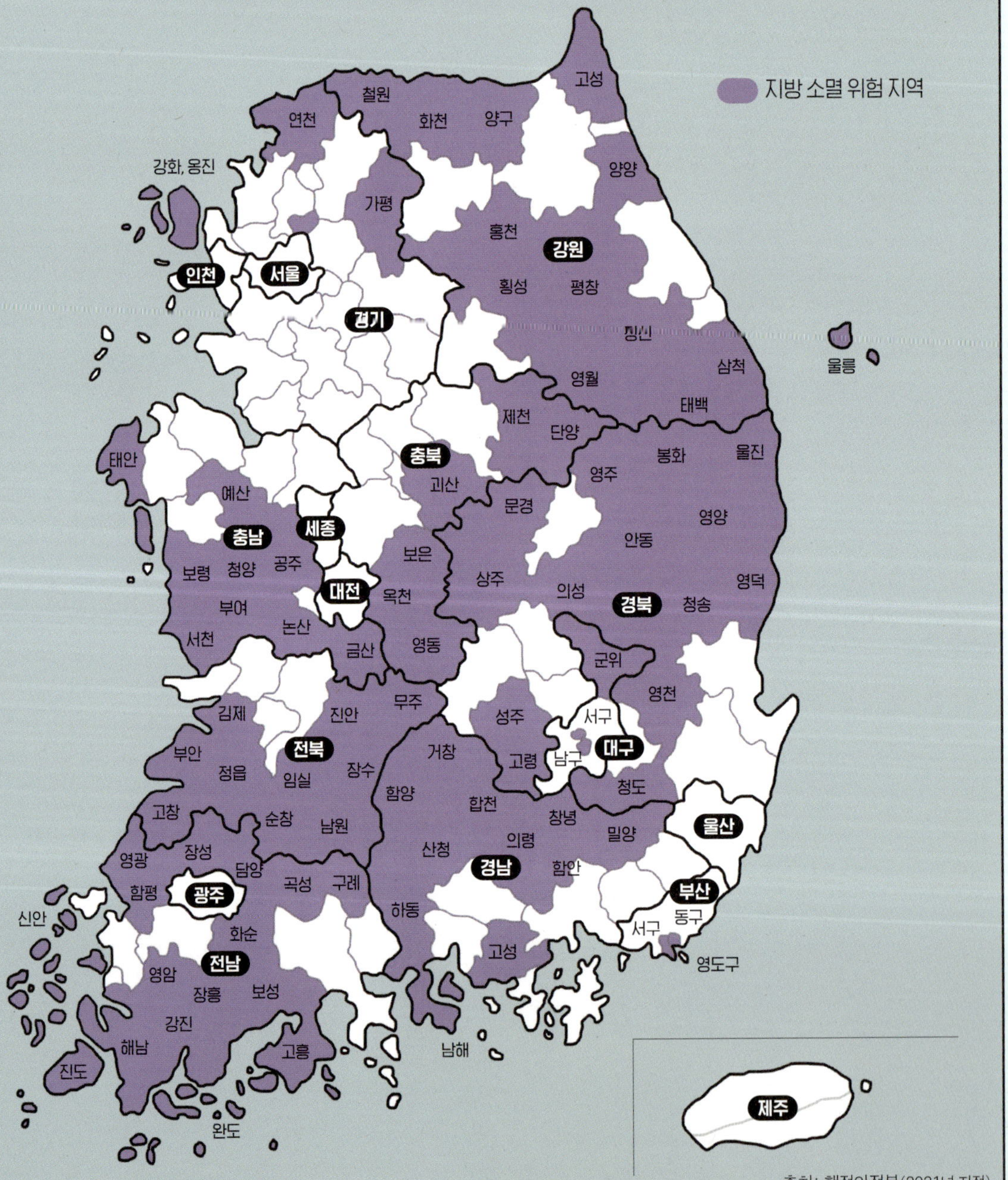

출처: 행정안전부(2021년 지정)

우유 사러 어디까지 가 봤니?

지방에 사람이 줄자, 여러 가지 문제가 일어나고 있어요. 우선 버스가 사라질 위기에 처했어요. 버스를 이용하는 사람이 적어서 버스를 운영할수록 적자이기 때문이에요. 지방 사람에게 중요한 이동 수단인 버스를 지키기 위해 나라에서는 운영에 어려움을 겪고 있는 버스 회사를 재정적으로 도와줘요. 지방 자치 단체에서는 직접 버스를 운영하기도 해요.

또, 좁은 시골길도 다닐 수 있는 작은 버스를 운행하여 더 많은 사람이 버스를 편하게 탈 수 있도록 노력하고 있어요.

사라질 위기에 처한 것은 버스뿐만이 아니에요. 농어촌의 인구가 줄어들면서 식료품을 파는 가게들이 문을 닫고 있어요. 그래서 우유 한 통을 사기 위해 버스를 타고 한 시간을 가야 하는 마을도 많아요.

이처럼 슈퍼마켓이나 편의점 등이 너무 멀리 있어서 과일, 우유, 고기 등 신선한 음식을 구하기 어려운 지역을 식품 사막이라고 해요. 이런 환경에서 살고 있는 사람들은 김치나 라면 등으로 끼니를 대충 때우는 일이 많아 건강이 위협받고 있어요.

왜 아빠 회사가 이사 갔어?

지방은 우리나라의 균형 있는 발전을 위해 꼭 필요한 곳이에요. 지방 곳곳에 있는 공장과 농어업 시설, 문화 시설 등은 우리나라의 경제와 산업, 문화에 큰 역할을 하지요. 지방이 사라지면 일자리도 먹거리도 지방 고유의 전통과 문화도 사라질 거예요. 그래서 정부는 지방을 지키기 위한 여러 가지 노력을 하고 있답니다.

우선 서울에 있던 행정 기관과 공공 기관을 지방으로 옮겨 사람들이 지방에서도 일할 수 있게 했어요. 교육부, 환경부와 같은 행정 기관을 세종시로 옮긴 것이 대표적이에요. 세종시는 각 기관 직원과 가족들이 이사 오면서 인구가 빠르게 늘어나고, 도로, 학교, 아파트와 같은 시설이 많이 생기며 발전했지요. 그뿐만 아니라 농촌 활성화를 위해 도시 아이들이 시골 학교에서 일정 기간 지내며 공부하는 농촌 유학 프로그램도 운영하고 있어요.

하지만 이런 노력에도 불구하고 지방 소멸 문제는 쉽게 해결되고 있지 않아요. 이제는 정부만이 아니라 우리 모두가 함께 고민하고 지혜를 모아야 해요.

여기까지 와야 하지!

생존과 발달 6

표현의 자유 13

가족이 없는 아동 20

음식, 옷, 안전한 집 27

성 착취로부터 보호 34

나도 초상권이 있어요

부모가 소셜 미디어에 아이 사진이나 영상을 올리는 '셰어런팅(Sharenting)'이 문제로 떠오르고 있어요. 부모는 예쁜 모습을 기록하고 싶은 마음이었을 테지만, 아이 동의 없이 사진을 공유하면 초상권을 침해하는 행동이 될 수 있어요. 초상권은 자신의 얼굴이 드러나는 사진이나 영상이 마음대로 공개되지 않도록 지킬 수 있는 권리예요. 아이의 초상권이 지켜지지 않을 경우, 시간이 지나도 사진이나 영상을 지우기 힘들어 곤란해질 수 있어요. 그뿐만 아니라 온라인에 공유된 사진이 범죄로 악용될 가능성도 있지요.

 연계 키워드 놀 권리 의무 교육 혐오 표현

내 사진도 함부로 올리면 안 돼요!

◀ 유엔 아동 권리 협약 포스터

이름과 국적 7

생각과 종교의 자유 14

입양 아동 21

교육 28

인신매매와 유괴 예방 35

개념잡기

인권이란 사람으로서 당연히 가지고 누려야 할 권리를 뜻해요. 국가, 나이, 성별 등에 의해 차별받지 않고 인간답게 살 권리지요. 누구나 인권을 침해당할 수 있고, 침해할 수도 있어요. 어린이도 마찬가지예요. 그래서 전 세계 지도자들이 모여 유엔 아동 권리 협약을 맺고 어린이가 누려야 할 모든 권리를 지켜 주기로 했어요. 유엔 아동 권리 협약에는 아동의 기본 권리인 생존권, 보호권, 발달권, 참여권을 비롯한 54개의 조항이 있어요.

유엔 아동 권리 협약 31번은 놀 권리에 관한 조항이에요.

31 여가, 놀이, 문화, 예술

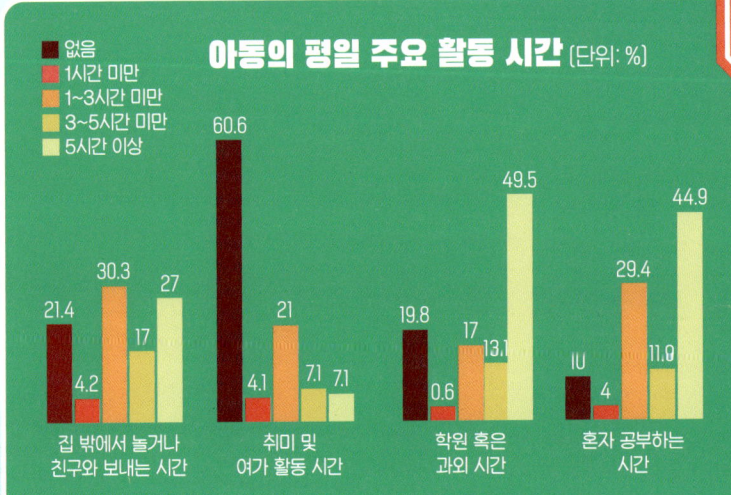

아동의 평일 주요 활동 시간 (단위: %)

- 없음
- 1시간 미만
- 1~3시간 미만
- 3~5시간 미만
- 5시간 이상

집 밖에서 놀거나 친구와 보내는 시간: 21.4 / 4.2 / 30.3 / 17 / 27
취미 및 여가 활동 시간: 60.6 / 4.1 / 21 / 7.1 / 7.1
학원 혹은 과외 시간: 19.8 / 0.6 / 17 / 13.1 / 49.5
혼자 공부하는 시간: 10 / 4 / 29.4 / 11.0 / 44.9

출처: 보건복지부 아동 종합 실태 조사(2023년)

어린이가 노는 것도 권리라고요?

어린이에게는 놀고 쉬며 여가 시간을 누릴 권리, 즉 <mark>놀 권리</mark>가 있어요. 놀이는 단순히 쉬는 것이 아니라 새로운 것을 배우고 세상을 경험하는 소중한 활동이에요. 하지만 요즘 많은 아이들은 공부 때문에 놀 시간이 부족해요. 주차할 공간이 부족하다는 이유로 놀이터가 주차장으로 바뀌는 경우도 흔해졌어요. 주변의 아파트에 놀이터가 있어도 그곳에 살지 않으면 이용하기 어렵고, 키즈 카페 같은 곳은 돈을 내야 갈 수 있어서 모든 어린이가 자유롭게 이용할 수 없어요. 이렇게 어린이의 놀 권리가 지켜지지 않으면 재능을 발견하거나 몸과 마음이 자랄 기회를 잃을 수도 있어요.

나도 학교에 가고 싶어요

어린이는 누구나 공평하게 교육받을 권리가 있어요. 우리나라는 초등학교부터 중학교까지 무상으로 학교에 다닐 수 있는 의무 교육 제도를 시행하고 있어요. 이는 국가가 모든 어린이에게 꼭 필요한 기본 교육을 책임지고 제공한다는 뜻이에요.

하지만 그 권리를 제대로 누리지 못하는 아이들도 있어요. 전쟁이나 분쟁 때문에 학교가 사라져서 학교에 다니지 못하는 아이들이 대표적이에요. 또한 장애인 어린이는 장애가 있다는 이유로 적절한 교육을 받지 못하기도 해요.

유엔 아동 권리 협약 28번은 교육에 관한 조항이에요.

28 교육

방금 인권 침해 하셨습니다

일상이나 온라인에서 성별, 나이, 외모, 출신처럼 바꿀 수 없는 특징을 이유로 사람을 놀리거나 비하하는 말들이 아무렇지 않게 쓰이고 있어요. 이런 말을 혐오 표현이라고 해요. 혐오 표현을 장난처럼 썼더라도 듣는 사람에게는 큰 상처가 될 수 있어요. 때로는 집단 전체를 나쁘게 보는 고정 관념으로 이어지기도 하지요.

혐오 표현은 사람을 있는 그대로 존중하지 않는 태도에서 시작돼요. 다름을 인정하지 않은 채 차별하고 무시하는 표현이기 때문에 인권을 침해하는 말이지요. 우리 모두는 다르고, 다름은 틀린 것이 아니에요. 다름을 인정하고, 서로를 존중하는 마음을 가질 때 모두가 함께 행복하게 살아갈 수 있어요.

이것도 인권을 보호하는 거구나!

모든 사람이 인권을 보장받도록 정부와 지역 사회가 노력하고 있어요.
우리 주변 곳곳에서 이 노력을 만날 수 있지요.

배리어프리 콘텐츠

듣지 못해도, 보지 못해도 콘텐츠를 즐길 수 있어요. 시각 장애인을 위해 음성으로 등장인물의 움직임이나 배경의 변화를 설명해 주거나, 청각 장애인을 위해 자막으로 소리의 변화를 보여 줘요.

배리어프리 자막

임산부 배려석, 임산부 배지

임신하면 몸이 힘든 경우가 많아요. 그래서 임산부와 배 속의 아기를 보호하기 위해 대중교통의 일부 좌석을 임산부가 앉을 수 있는 자리로 만들었어요. 임신한 것이 잘 티가 안 나는 초기 임산부를 위해 임산부라는 것을 표시할 수 있는 배지도 만들어 보호받을 수 있게 했지요.

임산부 배지

옐로 카펫

어린이가 안전하게 길을 다닐 수 있도록 유치원과 초등학교 주변의 횡단보도 대기 공간을 노란색으로 칠해 두었어요. 노란색은 눈에 잘 띄어서 횡단보도에서 기다리고 있는 어린이가 운전자의 눈에 잘 보여요. 그래서 사고를 예방할 수 있지요.

옐로 카펫

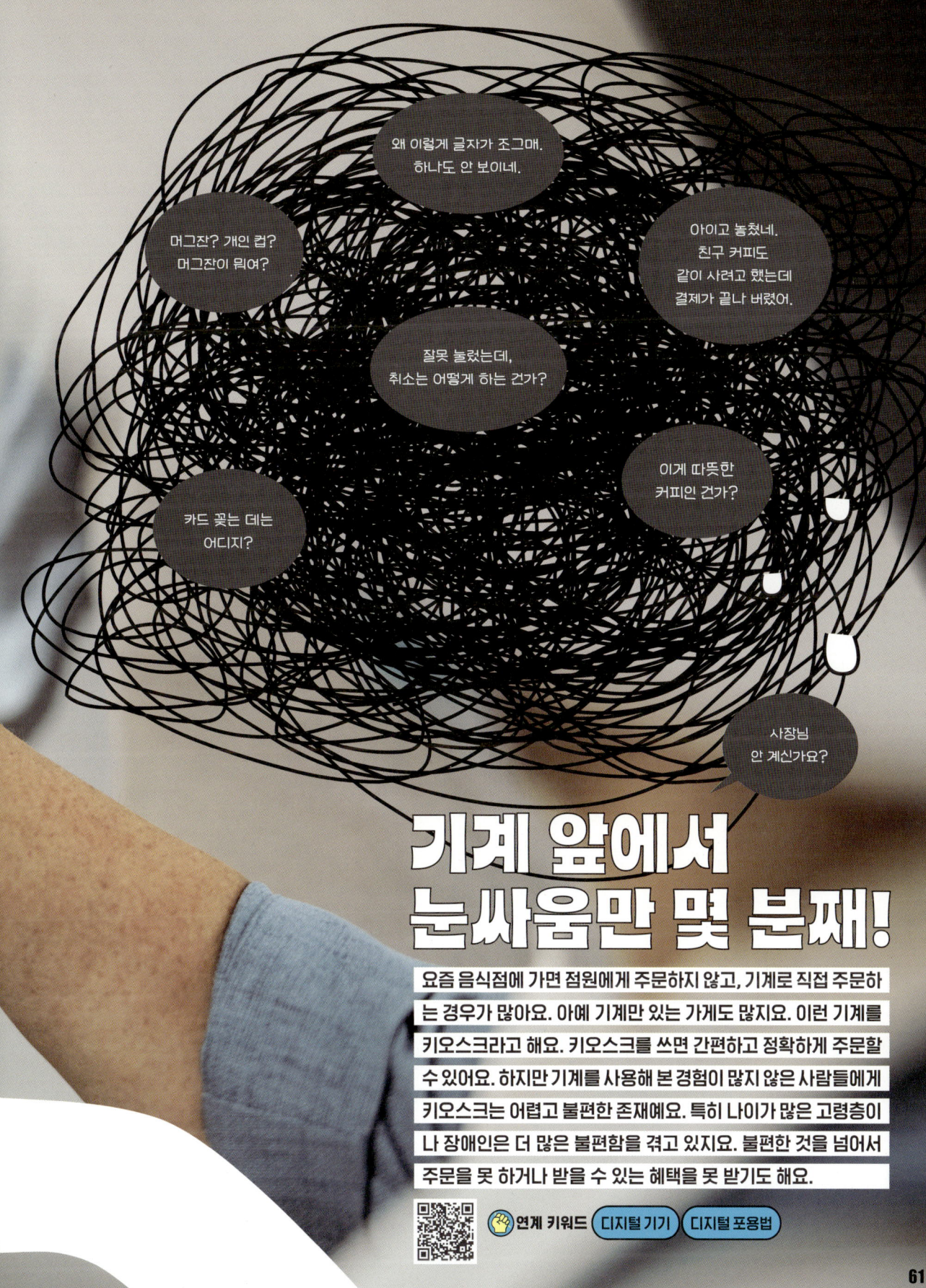

기계 앞에서 눈싸움만 몇 분째!

요즘 음식점에 가면 점원에게 주문하지 않고, 기계로 직접 주문하는 경우가 많아요. 아예 기계만 있는 가게도 많지요. 이런 기계를 키오스크라고 해요. 키오스크를 쓰면 간편하고 정확하게 주문할 수 있어요. 하지만 기계를 사용해 본 경험이 많지 않은 사람들에게 키오스크는 어렵고 불편한 존재예요. 특히 나이가 많은 고령층이나 장애인은 더 많은 불편함을 겪고 있지요. 불편한 것을 넘어서 주문을 못 하거나 받을 수 있는 혜택을 못 받기도 해요.

연계 키워드 디지털 기기 디지털 포용법

개념잡기

디지털 기기를 잘 쓰는 사람과 그렇지 못한 사람 사이에 생기는 차이를 정보 격차(디지털 격차)라고 해요. 소득이나 교육 수준, 지역에 따라 정보 격차가 벌어져요. 특히 디지털 기기를 통해 정보를 얻는 경우가 많아지면서 디지털 기기를 갖지 못하거나, 제대로 쓸 줄 모를수록 생활에 어려움을 겪고 있어요.

왜 할머니 핸드폰은 재난 문자가 안 와요?

따르르릉!

조용~

지진이나 화재, 태풍처럼 큰 재난이 일어나면 국가에서는 국민에게 위험을 알리기 위해 재난 문자를 보내요. 그런데 최근 큰 산불이 났을 때, 일부 노인들은 대피하라는 재난 문자를 받지 못했어요. 노인들이 주로 쓰는 오래된 핸드폰은 재난 문자를 받지 못하거든요. 스마트폰이 있어도 사용법이 익숙하지 않아 확인이 늦은 경우도 있어요. 이처럼 정보 격차는 일상생활을 어렵게 할 뿐만 아니라 생명을 지킬 수 있는 중요한 정보까지 가로막을 수 있어요. 그래서 모든 사람이 차별 없이 정보를 얻을 수 있도록 기기를 지원해 주고, 사용법을 알려 주는 동시에 다양한 방법으로 정보를 전하려는 노력이 필요해요.

태블릿 때문에 시험 망쳤어

태블릿을 써 본 적이 거의 없어. 그런데 갑자기 태블릿으로 시험을 치르고 하니까 사용법을 몰라서 한참 동안 애먹다가 시험을 망쳤어. 그냥 종이로 시험 보면 안 되나?

난 태블릿 없이는 못 살아. 매일 끼고 살면서 온라인 강의도 듣고, 학원 숙제도 하지. 태블릿으로 시험 치니까 엄청 편리하고 좋더라고. 잘못 적었을 때 지우는 게 너무 편해.

요즘 학교에서는 태블릿을 비롯한 <mark>디지털 기기</mark>를 수업에 많이 활용하고 있어요. 일부 학교에서는 시험을 태블릿이나 컴퓨터로 치르고 있지요. 하지만 디지털 기기에 익숙하지 않은 학생들은 문제를 푸는 데 어려움을 겪기도 해요. 문제를 푸는 방법과 정답을 알고 있지만 기계를 다루는 법을 잘 몰라 실수하거나, 화면 전환이 익숙하지 않아 문제를 놓치는 경우도 있지요. 이처럼 정보 격차는 고령층뿐 아니라 젊은 사람에게도 영향을 줄 수 있어요.

질문 더 하려면 돈 내세요

챗GPT 같은 생성형 인공 지능을 쓰는 사람이 많아졌어요. 방대한 데이터를 바탕으로 답하는 생성형 인공 지능을 잘 활용하면 평소보다 **훨씬 빨리, 더 많은 일**을 할 수 있어요. 그래서 생성형 인공 지능을 능숙하게 다루는 사람이 그렇지 않은 사람보다 더 좋은 결과를 얻는 경우가 많지요. 그런데 생성형 인공 지능을 잘 활용하기 위해서는 돈이 필요해요. 월마다 일정 금액을 내면 쓸 수 있는 유료 버전은 무료 버전보다 더 똑똑하고 많은 결과를 보여 주거든요. 그래서 돈을 내고 생성형 인공 지능을 사용하는 사람은 공부나 일을 할 때 더 많은 도움을 받을 수 있어요. 반면 경제적으로 어려운 사람들은 무료 버전만 쓸 수 있어 도움을 받는 것에 한계가 있어요. 이런 상황이 계속되면 생성형 인공 지능을 자유롭게 쓸 수 있는 사람과 그렇지 못한 사람 사이에 실력 차이가 점점 벌어질 수 있어요.

제미나이 어드밴스드
Gemini Advanced
월 20달러
(약 2만 9천 원)
무료 버전보다
20배 더 많은 질문 가능.

클로드 프로
Claude Pro
월 20달러
(약 2만 9천 원)
무료 버전보다
5배 더 많은 작업량 제공.

챗GPT 플러스
ChatGPT Plus
월 20달러
(약 2만 9천 원)
무료 버전은 5시간 동안
질문 10개 가능,
플러스는 3시간 동안
질문 80개 가능.

질문할 게 많은데 돈이 없네?

디지털 기기, 이제 무섭지 않아요!

우리나라는 모든 사람이 디지털 기기를 쉽게 사용하고, 그 혜택을 누리도록 돕기 위해 <mark>디지털 포용법</mark>이라는 새로운 법을 만들었어요. 나이 많은 사람이나 장애가 있는 사람, 또는 디지털 기기를 잘 다루지 못하는 사람들이 불편을 겪지 않게 도와주는 법이지요.

이 법에 따라 정부는 누구나 디지털 기기를 잘 사용할 수 있도록 돕는 교육 프로그램과 교재를 제공하고 있어요. 또한, 키오스크를 만드는 회사가 꼭 지켜야 할 사항들도 마련하여 사람들이 더 쉽게 사용할 수 있도록 돕고 있지요. 이처럼 모두가 디지털 세상에서 소외되지 않고 함께 잘 살아갈 수 있도록 많은 노력을 하고 있답니다.

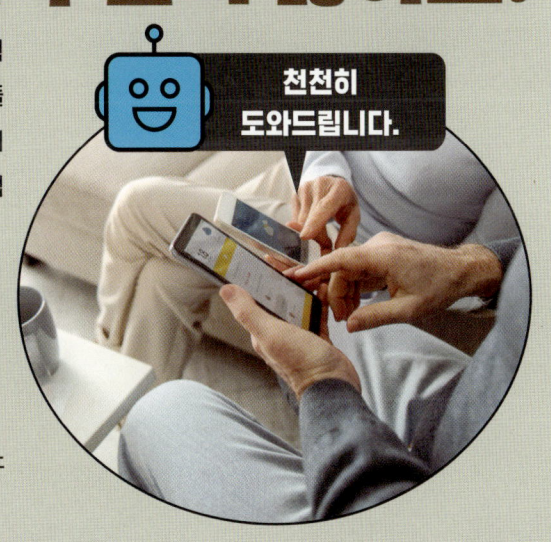

천천히 도와드립니다.

경제

주제
희소성 · 물가 · 합리적 선택 · 세금 · 무역

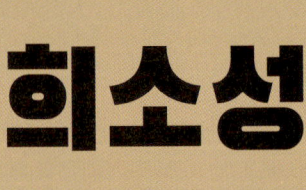
희소성

내 책도 오래 가지고 있으면 희소해지겠지?

내가 이렇게 귀해질 줄이야!

책 한 권이 6300만 원?

〈해리 포터〉 시리즈는 역사상 가장 많이 팔린 소설책이에요. 5억 부 이상 판매되어 지구 어디에서든 쉽게 만날 수 있지요. 그런데 이렇게 흔하게 볼 수 있는 〈해리 포터〉 시리즈의 책 한 권이 2024년에 6300만 원이라는 어마어마한 가격에 팔렸어요. 그 책은 1997년 인쇄된 〈해리 포터〉 시리즈 1권의 초판본으로, 전 세계에 단 500부밖에 없답니다. 처음에는 약 1만 8000원이었으나 시간이 흐르면서 점점 가치가 높아져 평균 3000만 원에서 8000만 원 사이의 가격으로 거래되고 있어요.

〈해리 포터〉를 좋아하는 수많은 팬들이 초판본을 갖고 싶어 하지만, 500부 중의 한 부를 구하는 것은 하늘의 별 따기라고 불릴 만큼 힘들어요. 〈해리 포터〉의 초판본이 비싼 이유도 바로 여기에 있답니다.

 연계 키워드 수요 공급 헝거 마케팅 한정판

개념잡기

많은 사람이 원하지만, 원하는 것에 비해 자원이 부족한 상태를 희소성이라고 해요. 자원의 양이 적다고 해서 항상 희소성이 높은 것은 아니에요. 사람들이 얼마나 필요로 하느냐에 따라 달라지지요. 그래서 희소성은 고정된 것이 아니라 시대와 장소에 따라 변할 수 있어요.

100만 원짜리와 1만 원짜리 표, 무슨 차이지?

인기 콘서트 표는 원하는 사람이 많아 구하기 어려워요. 이런 희소성을 이용하여 일부 사람들은 콘서트 표를 비싸게 되팔기도 해요. 원하는 사람은 많고, 표는 한정되어 있어 터무니없이 높은 가격에도 팔리는 것이지요. 반면 인기가 없는 콘서트의 표는 제값보다 훨씬 할인된 가격으로 판매되기도 해요. 원하는 사람이 많지 않으니 낮은 가격으로 사람들의 마음을 얻는 전략을 쓰는 것이지요.

이처럼 상품의 가격은 <mark>수요</mark>와 <mark>공급</mark>으로 결정돼요. 수요란 소비자들이 상품을 구매하고자 하는 욕구를 뜻하고, 공급이란 생산자들이 상품을 판매하고자 하는 것을 뜻해요. 수요가 많고, 공급이 적을수록 상품의 가격이 높아진답니다. 반대로 수요가 적고, 공급이 많을수록 가격은 낮아지지요.

오늘부터 나는 100만 원! 으하하하!

접속 인원이 많아 대기 중입니다.

콘서트 취소 표 구해요!

앞자리 표 구합니다.

콘서트 표 파실 분?

이미 선택된 좌석입니다.

양도 표 구합니다!

지금 아니면 못 산다! 한정판 전략

희소성은 사람들의 욕구를 자극하는 강력한 힘이에요. 이런 희소성을 이용한 판매 전략을 <mark>헝거 마케팅</mark>이라고 해요. '지금 아니면 못 산다!'라고 느끼게 만들어 구매를 유도하는 것이지요.

헝거 마케팅에는 다양한 유형이 있어요. 크리스마스 시즌에만 <mark>한정판</mark> 장난감을 파는 것, 여름철에만 시즌 한정 음료를 판매하는 것은 '기간 한정' 전략이에요. 하루에 100그릇만 파는 맛집, 한 명당 두 개만 살 수 있는 인기 과자 등은 정해진 수량만큼만 판매하는 '수량 한정' 전략을 사용하는 것이지요. 상품을 원하는 사람이 많아져서 구하기 힘들어지는 현상을 '품귀 현상'이라고 하는데, 수량 한정 전략은 품귀 현상을 이용한 대표적인 판매 전략이에요. 다른 지역에서는 판매하지 않는 기념품이나 지역 한정 머그잔 등은 특정 장소에서만 상품을 판매하는 '장소 한정' 전략을 펼친 거지요.

크리스마스 시즌 한정판 — **기간 한정**

1인당 2개 구입 가능 — **수량 한정**

런던 한정판 — **장소 한정**

> 한정판이라니 왜인지 사야 할 것만 같아.

문 닫는 대학이 늘어난다는데, 왜 명문대 들어가는 건 힘들까요?

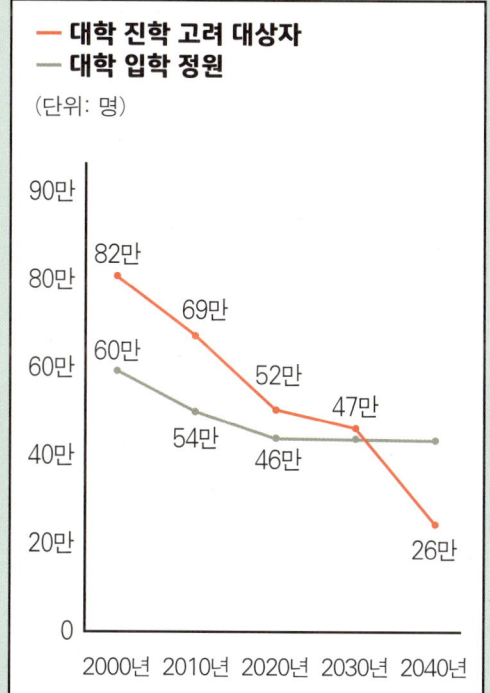

— 대학 진학 고려 대상자
— 대학 입학 정원
(단위: 명)

- 2000년: 82만 / 60만
- 2010년: 69만 / 54만
- 2020년: 52만 / 46만
- 2030년: 47만 / (약 43만)
- 2040년: 26만 / (약 43만)

출처: 교육부, 통계청

최근에는 입학생 모시기에 애를 먹는 대학들이 많아요. 인구가 줄어서 대학 입학 정원보다 대학에 입학하려는 사람 수가 적어서죠. 특히 지방에 있는 일부 대학은 입학생이 없어 문을 닫기도 했어요. 하지만 명문대에 입학하고 싶어 하는 사람은 여전히 많아요. 명문대를 졸업하면 좋은 일자리를 가질 가능성이 높기 때문이에요. 그렇지만 명문대 입학 정원은 한정되어 있어 경쟁률이 매우 높지요. 이처럼 어떤 것이 희소하게 느껴지는 이유는 단순히 수가 부족해서만은 아니에요. 자원이 충분하더라도 사회적 요인 때문에 달라질 수 있답니다.

금을 사셔야 합니다?

요즘 금 투자 열풍이 불고 있어요. 은행에서는 금이 없어서 못 팔 지경이지요. 그 이유는 금값이 오르고 있기 때문이에요. 2023년 말 30만 원대이던 금 1돈(3.75g)은 2024년 말에 40만 원을 가볍게 넘기더니 2025년에는 50만 원을 넘어 매일매일 최고가를 찍고 있어요.

경제가 어려워지면 돈의 가치는 떨어지는데, 변하지 않고 다른 것으로 바꾸기 쉬운 금은 꾸준히 가치를 인정받아요. 투자해도 손해 볼 가능성이 높지 않은 안전 자산인 거지요. 바로 금의 인기 비결이에요.

연계 키워드 통화량 인플레이션 스태그플레이션 애그플레이션

개념잡기

물가란 우리가 사는 물건이나 서비스의 평균 가격을 뜻해요. 즉, '물가가 오른다.'라는 말은 물건 한 개 가격이 올랐을 때 쓰는 말이 아니라, 전반적으로 상품 가격이 올랐을 때 사용하는 말이지요. 물가는 오르고, 돈의 가치는 떨어지는 현상을 인플레이션이라고 해요.

50년 전엔, 50원짜리 지폐 한 장이면 시원한 아이스크림 OK

1970년대에는 아이스크림콘 하나를 사려면 50원짜리 지폐 한 장만 들고 가면 됐어요. 그때는 아이스크림콘 하나가 50원이었거든요. 짜장면 한 그릇은 100원이었고, 라면 한 봉지는 20원이었지요. 10원짜리, 50원짜리, 500원짜리 지폐도 있었답니다. 그런데 지금은 왜 아이스크림이 그때보다 비쌀까요? 10원과 50원, 500원짜리 지폐는 왜 사라졌을까요? 바로 물가가 많이 올랐기 때문이에요.

물가가 오르는 이유는 다양하지만, 몇십 년에 걸쳐 꾸준히 오르는 것에는 세상에 돌아다니는 돈의 양인 ==통화량==과 깊은 관련이 있어요. 우리나라를 포함한 많은 나라의 중앙은행은 경제 성장을 위해 꾸준히 돈을 발행해 왔어요. 즉, 통화량이 늘어난 것이지요. 통화량이 늘어나면, 돈을 쓰려는 사람이 많아져요. 물건의 양은 그대로인데 물건을 사려는 사람이 많으니 자연스럽게 물건값이 올라가지요. 그래서 시간이 지날수록 돈의 가치는 떨어지고 물가는 오르는 ==인플레이션== 현상이 나타나는 거예요. 돈의 가치가 떨어지면 10원이나 500원으로 살 수 있는 것이 없어져요. 그래서 적은 액수의 지폐가 사라지고, 1만 원이나 5만 원짜리 지폐가 등장한 거예요.

2500원

50년 뒤 가격

1970년대 50원

500원이면, 짜장면이랑 라면, 아이스크림을 다 먹어도 돈이 남았네.

내 용돈 빼고 다 올라!

용돈은 작년과 똑같은데 과자 가격은 오르면 어떤 일이 생길까요? 과자를 자주 사 먹을 수 없게 되거나, 다른 곳에 사용할 용돈을 아껴서 과자를 사 먹어야 할 거예요. 이런 일은 우리 생활 속에서도 종종 일어나는 일이에요. 식비, 교통비, 교육비 등 물가는 계속 오르는데, 월급은 오르지 않아 전과 같은 생활 방식을 유지하기 힘들어지면 사람들은 돈을 아끼게 되지요. 사람들이 돈을 쓰지 않을수록 기업은 사정이 어려워져서 직원 수를 줄이게 되고, 일자리를 잃은 사람들은 돈을 더욱 아끼게 돼요. 이처럼 물가는 오르는데 월급은 오르지 않아 경기가 침체되는 현상을 스태그플레이션(stagflation)이라고 해요. 경기 침체를 뜻하는 '스태그네이션(stagnation)'과 '인플레이션(inflation)'이 합해진 용어예요. 스태그플레이션은 사람들의 생활을 힘들게 하기 때문에 각 나라에서는 통화량 조절 등을 통해 경기 침체를 막기 위해 애쓰고 있어요.

지구 반대편에서 가뭄이 났는데 왜 초콜릿값이 오를까?

최근 초콜릿이 들어간 제품의 가격이 크게 올랐어요. 그 이유는 코트디부아르와 가나, 나이지리아 같은 서아프리카 나라들이 가뭄에 시달린 탓이에요.

우리가 먹는 음식, 쓰는 물건은 여러 나라에서 온 재료로 만들어지는 경우가 많아요. 특히 과자와 빵을 만들 때 꼭 필요한 밀가루나 달콤한 초콜릿을 만드는 카카오, 어른들이 즐겨 마시는 커피 원두는 대부분 다른 나라에서 수입해 오지요. 그런데 수입해 오던 나라에 전쟁이나 자연재해처럼 큰일이 생기면 그 나라에서 나오는 원료들이 귀해지고, 가격이 올라가요. 원재료의 가격이 올라가면 물건 하나를 만들 때 더 큰 비용이 들어서 기업에서는 물건의 가격을 올리지요. 전 세계 카카오 공급의 70퍼센트를 책임지는 서아프리카 나라에서 가뭄이 일어나 카카오를 제대로 기를 수 없게 되자 우리가 먹는 초콜릿값에도 영향을 끼친 거예요.

요즘은 폭염, 홍수 같은 이상 기후가 이어지면서 농산물의 생산량이 줄어드는 경우가 많아요. 이처럼 곡물 가격이 올라 물가가 오르는 것을 <mark>애그플레이션(Agflation)</mark>이라고 불러요.

#졸업식 꽃 팔아요

졸업식에서 잠깐 사진 찍을 때만 썼습니다.
색깔도 예쁘고, 아직 싱싱합니다.
5만 원에 샀는데, 만 원에 드려요.

사진만 잠깐 찍은 꽃 팔아요

졸업식 시즌이 되면 중고 거래 사이트에 꽃다발을 판다는 글이 많이 올라와요. 사진 찍을 때만 잠깐 쓴 꽃다발을 그냥 두기 아까우니, 다른 사람에게 저렴하게 팔겠다는 거예요. 파는 사람은 필요 없어진 것을 팔아 돈을 벌 수 있고, 사는 사람은 필요한 꽃다발을 저렴한 가격에 살 수 있으니, 서로에게 좋은 일이지요. 아직 쓸 만한 물건을 버리지 않고 재사용하도록 이끄는 이와 같은 거래는 환경을 보호한다는 장점도 있어요.

연계 키워드: 토핑 경제 · 슈링크플레이션 · 스텔스플레이션 · 가성비 · 기회비용

개념 잡기

합리적 선택이란 내가 가진 자원을 가장 효과적으로 사용해서 가장 큰 만족을 얻을 수 있도록 선택하는 것을 말해요. 우리는 일상생활 속에서 다양한 선택을 해요. 우리가 사용할 수 있는 자원이 한정되어 있기 때문에 더 나은 선택을 위해 고민하지요. 특히 한정된 자원인 돈과 시간을 어떻게 쓸 것인지 신중하게 결정해야 하는데, 이럴 때 필요한 것이 바로 합리적 선택이에요.

직접 선택하는 즐거움! 토핑 경제

요즘은 물건을 내 마음대로 고르고 꾸밀 수 있는 시대예요. 신발에 원하는 장식을 달 수 있고, 요구르트를 먹을 때는 취향껏 과일, 꿀, 초콜릿 같은 토핑을 추가할 수 있어요. 침대를 가족 구성에 맞게 바꾸고, 집 안 구조도 자유롭게 바꿀 수 있답니다. 이렇게 원하는 것만 골라서 추가하여 소비하는 방식을 <mark>토핑 경제</mark>라고 해요.

소비자는 자신의 취향대로 고른 물건을 사용할 수 있어서 개성을 표현하는 동시에 만족감을 얻을 수 있어요. 기업은 다른 회사와 차별화된 서비스를 제공해 더 많은 이익을 남길 수 있지요. 하지만 단점도 있어요. 선택할 것이 너무 많으면 결정하는 것이 어렵고, 토핑을 많이 추가할수록 가격이 올라가요. 또 어떤 토핑을 고르느냐에 따라 품질이 달라질 수도 있지요.

공기를 샀더니 과자가 덤으로 있네

나 혹시 공기를 산 거야?

좋아하는 과자를 사서 포장을 뜯었는데, 왠지 양이 줄어든 느낌을 받은 적 있나요? 크기가 작거나 내용물이 적어진 느낌이 들었다면 그것은 슈링크플레이션(Shrinkflation) 때문일 수도 있어요. 슈링크플레이션이란 물건의 가격은 그대로인데, 내용물이 줄어드는 현상을 뜻해요. 경기가 어려워지고 재룟값이 오르면 일부 기업은 이익이 줄어드는 것을 막기 위해 이렇게 정직하지 못한 방법을 쓰기도 한답니다.

겉으로 잘 보이지 않게 몰래 가격을 올리는 방법도 있어요. 이런 현상을 스텔스플레이션(Stealthflation)이라고 해요. 예전에는 치킨을 시키면 공짜로 주던 치킨 무를 어느 날부터 돈을 받고 팔기 시작했어요. 가격이 오른 것 같지는 않지만, 사실은 조금씩 가격 부담이 커지는 스텔스플레이션의 예지요. 이러한 기업들의 꼼수에 속지 않으려면 물건을 살 때 정말 나에게 이득이 되는지 꼼꼼히 살펴보고 합리적 선택을 해야 해요.

가성비 끝판왕을 찾아라!

무조건 싼 게 아니고 같은 가격이라도 질 좋은 물건을 고르는 거야.

가성비가 높은 물건이나 서비스가 사람들의 주목을 받고 있어요. 가성비는 '가격 대비 성능'의 줄임말로, 가성비 높은 물건이나 서비스는 가격이 저렴하면서도 성능과 가치가 뛰어난 것을 말해요. 무조건 싼 것이 아니라, 성능, 편리성 등이 뛰어나 소비자가 만족감을 느껴야 하는 것이죠.

무엇인가를 선택할 때는 항상 다른 것을 포기해야 해요. 경제에서는 이를 기회비용이라고 하는데, 어떤 것을 선택함으로써 포기해야 하는 것의 가치를 뜻해요. 가성비가 높은 물건이나 서비스는 가격이 저렴한 것 중에서 품질이 뛰어난 것이기 때문에 품질이 완벽할 순 없어요. 가성비가 높은 것을 고른 사람에게 높은 품질이 기회비용일 수도 있겠지요. 그러므로 합리적 선택을 하기 위해서는 기회비용을 잘 따져서 자신에게 더 큰 만족을 줄 수 있어야 한답니다.

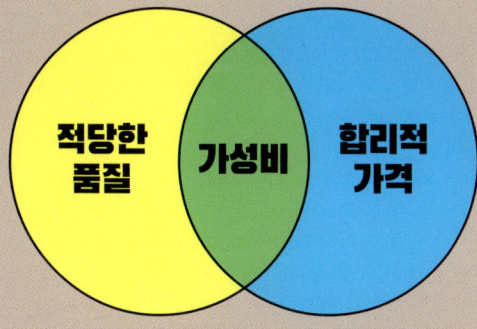

잠깐!

- ☐ 가격 비교!
- ☐ 품질 확인!
- ☐ 필요한지 한 번 더 생각!
- ☐ 용돈으로 구매 가능?
- ☐ 구매 말고 대안 생각!

제주도에 오려면 환경세 내세요!

제주도는 '환경 보전 분담금', 즉 환경세를 걷는 방안을 검토하고 있어요. 해마다 수많은 사람이 제주도를 찾다 보니, 쓰레기가 늘어나고, 자연이 훼손되는 등 여러 환경 문제가 생기고 있거든요. 환경세는 제주도에 하룻밤 머무르면 1인당 1500원을, 렌터카를 사용하면 1일당 5000원을 내는 방식이에요. 4인 가족이 3박 4일 제주도를 렌터카로 여행했을 때 총 3만 8000원의 환경세를 내게 되는 셈이지요. 환경세는 제주도의 자연을 보호하는 용도로만 쓸 거라고 해요. 하지만 부담이 크다고 느끼는 사람들도 있어 아직 시행되지는 않고 있어요.

 연계 키워드 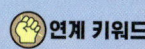 현금 영수증) 부가 가치세) 증여세) 체납

> 부담되겠지만 환경을 생각해야지.

개념 잡기

세금은 나라가 일을 하기 위해 국민에게 걷는 돈이에요. 모든 국민은 돈을 벌면 그중 일부를 나라에 세금으로 내야 한답니다. 세금은 내기 싫다고 해서 거부할 수 있는 것이 아니에요. 우리 모두가 나라의 주인이기 때문이지요. 세금은 우리 모두를 위한 약속이자 책임이에요.

모두 세금 덕분이야!

학교에서 멋진 만들기 재료를 받은 적이 있나요? 재미있는 공연을 본 경험도 있지요? 우리가 학교에서 공부할 수 있고, 여러 가지 혜택을 받을 수 있는 이유는 세금 덕분이에요. 세금은 우리 생활 곳곳에 사용되고 있답니다. 우리가 마시는 깨끗한 물, 어두운 밤거리를 밝혀 주는 가로등, 위험할 때 도움을 주는 경찰서와 소방서는 모두 세금으로 운영되고 있어요.

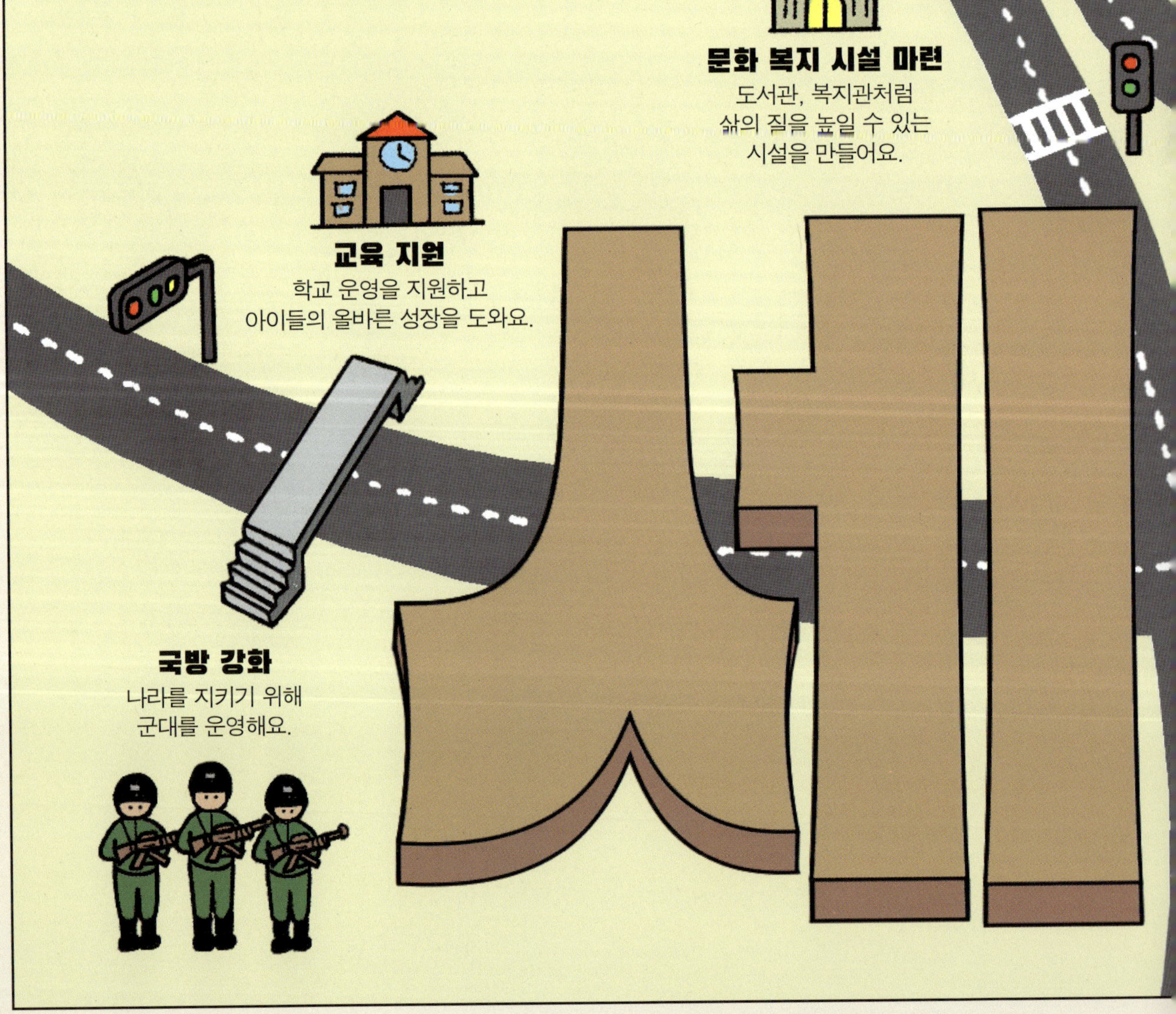

문화 복지 시설 마련
도서관, 복지관처럼 삶의 질을 높일 수 있는 시설을 만들어요.

교육 지원
학교 운영을 지원하고 아이들의 올바른 성장을 도와요.

국방 강화
나라를 지키기 위해 군대를 운영해요.

세상에 이런 세금이?

제주도에서 도입하려는 환경세를 이미 받는 도시들이 많아요. 프랑스 파리, 이탈리아 베네치아를 비롯하여 유럽에서만 150개 도시에서 관광세를 받고 있지요. 놀러 가는 데 돈까지 내야 하는 게 억울하게 느껴진다고요? 관광세 말고도 세계 곳곳에서는 별별 세금을 걷고 있어요.

방귀 뀌었나요? 세금 내세요!

북유럽에 있는 에스토니아에는 '방귀세'가 있답니다. 소의 방귀나 트림에서 많이 배출되는 메테인을 줄이기 위해서래요. 메테인은 지구 온난화의 주범이거든요. 그런데 소가 방귀를 뀔 때마다 세금을 내게 할 수는 없으니, 소를 키우는 목장에 방귀세를 부과하고 있지요.

달콤한 것 먹으려면 세금 내세요!

때로는 사람들의 건강을 지키기 위해 세금을 붙이기도 해요. 그중 하나가 바로 '설탕세'랍니다. 설탕세는 설탕이 많이 들어간 음료나 음식에 붙이는 세금이에요. 사람들이 너무 많은 설탕을 섭취하면 비만, 당뇨병 같은 질병에 걸릴 위험이 커지기 때문에 건강을 해치는 식품 소비를 줄이기 위해 만들어진 거예요. 영국, 멕시코, 프랑스, 태국 등의 나라에서 설탕세를 받고 있어요.

외국 회사도 세금 내세요!

사람들이 많이 이용하는 유튜브, 인스타그램 같은 디지털 회사들은 대부분 외국 회사예요. 그래서 우리나라에서 돈을 벌어도 세금을 제대로 내지 않아 왔지요. 이 문제를 해결하기 위해 '디지털세'를 도입해 세금을 걷자는 논의가 활발해지고 있어요. 디지털세는 외국 회사라도 우리나라에서 돈을 벌면 우리나라에 세금을 내도록 하는 거예요. 이렇게 하면 모든 회사가 공평하게 세금을 내게 되지요. 프랑스, 영국, 이탈리아 등의 나라에서는 이미 디지털세를 받고 있답니다.

현금 영수증 끊어 주세요!

현금 영수증을 끊으면 영수증에 이렇게 표시돼요.

물건을 살 때 현금으로 계산하면 ==현금 영수증==을 받을 수 있어요. 현금 영수증은 '내가 이 가게에서 물건을 현금으로 샀어요.'라고 나라에 알려 주는 영수증이에요. 간혹 일부 판매자들은 현금 영수증 발행을 거부하기도 해요. 할인 혜택을 줄 테니 현금 영수증을 끊지 말라고도 하지요. 현금 영수증을 발행하면 돈을 벌었다는 사실을 나라에서 알게 되어 세금을 내야 하기 때문이에요. 그런데 현금 영수증을 발행하지 않는 것은 정직하지 못한 행동으로, 법의 처벌을 받을 수 있어요.

현금으로 1원 이상을 내면 현금 영수증을 발급받을 수 있어요. 현금으로 산 금액이 적더라도 현금 영수증을 잘 챙기면 나라 살림에 도움이 되고, 우리 사회를 더 건강하게 만들 수 있답니다.

```
GS26              02-1234-5678
서울                    12345678
2025/ 10/ 12 이주연      NO5678
─────────────────────────────
자유              1          700
행복              2         1000
희망              2         1200
합계수량/금액     5         2900
─────────────────────────────
과세 매출                   2634
부가세                       366
합     계                   2900
현     금                   2900
─────────────────────────────
        현금 영수증(소득공제)
거래자번호             010000****
승인 번호                 F1234567
국세청문의(1544-2020)
홈페이지 http://현금영수증.kr
   10/ 10/ 12 23. 31. 22 ____
모두 방긋 웃는
행복한 하루 되세요~ *^^*
```

질문 있어요!

어린이도 세금을 내나요?
어린이도 세금을 내고 있어요. 과자, 장난감, 학용품 등의 물건을 살 때 낸 돈에는 세금이 포함되어 있답니다. 이처럼 물건을 살 때 붙는 세금을 ==부가 가치세==라고 해요. 어린이도 물건을 살 때마다 자연스럽게 세금을 내고 있는 셈이에요.

용돈을 받으면 세금을 내야 하나요?
누군가에게 돈을 받으면 세금을 내야 할 수도 있어요. 이런 세금을 ==증여세==라고 불러요. 하지만 걱정하지 않아도 돼요. 부모님이나 할머니, 할아버지께 받은 용돈 대부분은 세금을 내지 않아도 되거든요. 왜냐하면 10년 동안 2000만 원 이하로 받은 용돈은 세금을 내지 않아도 되기 때문이에요. 단, 오랫동안 큰돈을 받는 경우에는 세금을 내야 할 수도 있으니, 어른들과 함께 잘 알아보는 게 좋아요.

세금을 안 내면 어떻게 되나요?
내야 할 세금을 제때 내지 않은 것을 ==체납==이라고 해요. 세금을 내지 않으면 체납한 사람의 이름이나 얼굴이 공개될 수도 있고, 벌금을 내야 할 수도 있어요. 오랫동안 세금을 내지 않으면 집이나 자동차 같은 재산을 빼앗기게 되고, 법에 따라 처벌을 받게 돼요.

두 유 노우 케이 라면?

외국 사람들도 한국 라면을 많이 먹고 있어요. 1년에 수출된 라면이 1조 원이 넘을 만큼 인기가 뜨겁지요. 우리나라 영화와 드라마가 인기를 끌고, 케이 팝 스타들이 세계인의 사랑을 받으면서 덩달아 우리나라 라면도 많이 팔리게 된 거예요.
이처럼 나라와 나라 사이에서 물건을 사고파는 일에는 경제 상황이나 물가뿐만 아니라 그 나라와의 관계, 사람들의 관심과 같은 여러 가지 요인이 영향을 미친답니다.

연계 키워드 수입 보호 무역 관세 공정 무역

개념잡기

나라와 나라 사이에서 서로 물건이나 기술 등을 사고파는 것을 무역이라고 해요. 우리나라가 물건을 외국에 파는 것을 수출이라고 하고, 외국 물건을 우리나라에 들여오는 것을 수입이라고 하지요. 무역을 하는 이유는 모든 나라가 모든 물건을 다 만들 수 없기 때문이에요. 나라마다 가진 자원과 기술이 다르니까요. 무역을 하면 더 다양한 물건을 쉽게 구할 수 있고, 우리나라가 잘하는 것을 이용해 다른 나라와 좋은 관계도 만들 수 있답니다.

바나나는 부의 상징이었다?!

귀하다 귀해!

요즘은 마트나 시장에서 바나나를 쉽게 볼 수 있어요. 값도 그리 비싸지 않지요. 하지만 옛날에는 바나나가 아주 귀한 과일이었어요. 바나나는 따뜻한 나라에서 자라기 때문에 다른 나라에서 <mark>수입</mark>해야만 했거든요. 교통이 발달하지 않았던 과거에는 바나나가 우리나라까지 오는 데 오랜 시간이 걸렸고, 도착하기도 전에 상해 버리는 경우도 많았어요. 게다가 우리나라에서는 국내 농가를 보호하기 위해 바나나의 수입을 제한해서 바나나를 마음껏 들여올 수 없었지요. 하지만 요즘은 교통이 발달하여 바나나를 빠르게 실어 나르고 신선하게 운반할 수 있게 되었어요. 또한 1990년대 초반에 바나나 수입 제한이 풀려 바나나 가격이 내려갔지요. 덕분에 우리는 쉽게 바나나를 먹을 수 있게 된 거예요.

중국에서는 유튜브를 못 본다고?

중국에 가면 좋아하는 유튜브 영상을 볼 수 없어요. 중국은 정부에 비판적인 콘텐츠나 정치적으로 민감한 이야기들이 퍼지는 것을 막고, 자국 기업을 보호하기 위해 유튜브나 구글 같은 외국 기업의 서비스를 사용하지 못하게 했거든요. 중국 정부가 한 이런 조치를 보호 무역이라고 해요. 보호 무역은 외국 물건이나 서비스가 자국에 너무 많이 들어오지 않게 막는 정책이에요. 자국 기업이 힘을 잃지 않고 잘 성장할 수 있도록 도와주는 것이지요.

미국 대통령 트럼프도 보호 무역 정책을 펼쳤어요. 다른 나라에서 미국으로 들어오는 물건에 높은 관세를 매긴 거예요. 관세는 나라끼리 물건을 사고팔 때 다른 나라에서 수입된 물건에 붙이는 세금이에요. 트럼프 대통령이 한 것처럼 다른 나라에서 수입해 온 물건에 높은 관세를 붙이면, 그 물건은 비싸져서 잘 팔리지 않게 돼요. 이것을 이용해 자국 물건이 더 잘 팔리게 하려는 거지요. 그렇지만 각 나라가 자국을 지키기 위해 보호 무역을 펼치기만 하면 경제적인 혼란이 발생해요.

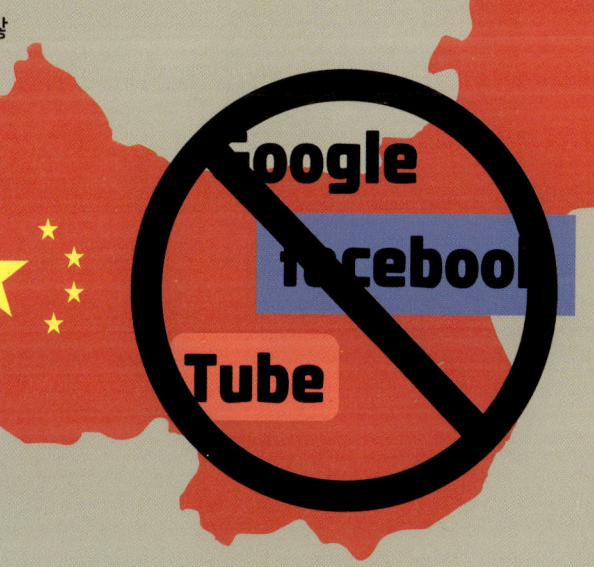

착한 초콜릿만 살래요!

공정 무역 마크

요즘 소비자들은 물건을 살 때 가격이나 기능뿐만 아니라 그 물건이 자신이 추구하는 가치나 철학을 담고 있는지를 꼼꼼히 따져요. 이런 소비자들이 중요하게 여기는 것 중 하나가 바로 '물건을 만든 생산자에게 정당한 대가가 주어졌는가?'예요.

초콜릿의 재료인 카카오 열매는 주로 아프리카에서 자라요. 아프리카 어린이들이 학교도 못 가고 카카오 열매를 딴다지요. 그런데 오랫동안 열악한 환경에서 일을 하고도 제대로 돈을 받지 못하는 아이들이 아주 많대요. 이와 같은 불공정 거래가 문제라고 느끼는 사람들이 점점 늘어나면서 공정 무역이 등장했어요.

공정 무역이란, 경제적으로 힘든 상황에 있는 개발 도상국의 생산자들이 스스로 잘 살 수 있도록 정당한 값을 주어 좋은 조건에서 일할 수 있게 도와주는 무역이에요. 공정 무역 물건에는 특별한 마크가 붙어 있어요. 공정 무역 마크가 붙은 물건을 사는 것은 열악한 지역에 있는 사람들이 좀 더 나은 삶을 살 수 있도록 돕는 착한 소비 방식 중 하나랍니다.

라이프

주제
식생활 · 신체 건강 · 마음 건강 · 여행 · 반려동물

식생활

30년 동안 탄산음료를 마시고, 과자를 먹었더니…

영국의 한 식품 회사가 전문가의 연구를 바탕으로 30년 동안 초가공 식품을 즐겨 먹은 사람의 모습을 예측했어요. 초가공 식품은 인공적으로 만든 식품으로, 원재료를 거의 알아볼 수 없을 정도로 가공된 식품을 뜻해요. 햄버거, 탄산음료, 과자 같은 초가공 식품을 오랫동안 많이 먹으면 배가 불룩 나오고 얼굴에는 다크서클과 여드름이 가득할 거라고 내다봤어요. 겉모습만 안 좋은 것이 아니에요. 당뇨병과 심장병에 걸릴 위험이 크고, 우울증과 불면증에 시달릴 수도 있어요.

👊 연계 키워드 저속 노화 · 혈당 · 인공 감미료 · 로컬 푸드 · 유기농 · 친환경 · 비건

이제 탄산음료를 멀리하겠어!

개념잡기

먹는 것이나 음식에 관한 전반적인 활동을 식생활이라고 해요. 좋은 재료로 만들어진 음식을 골고루 먹는 것은 건강을 유지하는 것에 매우 큰 역할을 해요. 특히 성장과 발달에 큰 영향을 주기 때문에 어릴 때부터 건강한 식생활을 갖는 것이 중요하답니다. 건강한 식생활은 신체 건강뿐만 아니라 마음 건강에도 중요한 역할을 하여 피로를 줄이고 정서를 안정시키는 데 도움을 줘요.

지금은 저속 노화 식단 열풍!

나이는 같아도 누군가는 활력이 넘치고 젊어 보이지만, 누군가는 쇠약하고 늙어 보일 수 있어요. 같은 나이라도 무엇을 먹느냐에 따라 몸이 늙는 속도가 달라지기 때문이에요. 그래서 요즘은 몸이 천천히 자연스럽게 나이 들도록 도와주는 저속 노화 식단이 유행이에요.

저속 노화 식단은 자연 재료로 만든 음식들로 구성되어 있어요. 녹색 채소, 블루베리 같은 달지 않은 과일, 현미나 귀리 같은 통곡물, 생선이나 달걀 같은 단백질류 음식은 저속 노화 식단의 대표 식재료예요. 이러한 저속 노화 식단은 우리 몸에 필요한 영양소를 균형 있게 공급해 주어 몸이 스트레스를 덜 받고 건강한 상태를 오래 유지할 수 있게 도와줘요. 특히 비만을 비롯한 여러 질병의 원인이 되는 혈당(혈액 속에 들어 있는 당)을 낮춰 주지요. 그래서 많은 사람들이 자연 재료를 이용한 저속 노화 식단으로 식탁을 채우고 있답니다.

잘 먹겠습니다!

'저칼로리', '제로' 정말 건강에 좋을까?

잠깐!
인공 감미료

마트나 편의점에 가 보면 '제로 슈거', '저칼로리' 같은 말이 붙은 음료나 간식을 자주 볼 수 있어요. 설탕을 넣지 않거나, 아주 적게 넣은 음식들이지요. 설탕 같은 당류가 건강에 안 좋다는 것이 알려지면서 당류를 적게 먹으려는 사람들을 위해 설탕을 넣지 않거나, 아주 적게 넣은 음식을 만든 거예요.

'제로', '저칼로리' 음식들은 설탕 대신 인공 감미료를 사용해요. 인공 감미료는 설탕처럼 달콤하지만 혈당을 많이 올리지 않기 때문에 몸에 좋은 단맛처럼 여겨져요. 하지만 최근에는 인공 감미료의 위험성에 대해 경고하는 목소리가 커지고 있어요. 일부 인공 감미료는 심장 마비나 뇌졸중 위험을 높일 수 있다는 연구 결과가 나오기도 했어요. '제로', '저칼로리' 음식이라고 안심하고 많이 먹어서 단맛에 익숙해지면, 더 자극적인 단맛을 찾게 될 가능성도 높지요. 인공 감미료보다는 과일 같은 자연 재료로 단맛을 느끼는 것은 어떨까요?

재료부터 꼼꼼히!

유기농

로컬 푸드

요즘은 '맛있는 게 최고야.'라고 외치는 사람들보다 '음식은 재료가 좋아야지.'라고 말하는 사람들이 늘어나고 있어요. 그래서 지역의 제철 식재료인 로컬 푸드가 주목받고 있답니다. 가까운 곳에서 난 제철 식재료는 오래 저장하거나 멀리 실어 나를 필요가 없어 신선하고 환경에도 좋아요. 거기에 더해 유기농이나 친환경 표시가 붙은 식재료를 찾는 사람들도 많아요. 농약이나 화학 비료를 거의 쓰지 않고 키운 건강한 식재료이기 때문에 몸에도 좋고, 자연에도 해를 덜 끼치지요. 고기나 달걀, 우유처럼 동물에서 나온 재료를 쓰지 않는 비건 식단을 실천하는 사람도 있어요. 이처럼 자신에게 맞는 건강한 식재료를 찾으려는 노력은 사람들의 식생활을 바꾸고 있답니다.

신체 건강

주사만 맞아도 살이 빠진다고?

주사만 맞아도 살이 쏙 빠진다고 알려진 '기적의 비만 치료제'가 등장해 사람들의 관심이 커지고 있어요. 이 치료제는 식욕을 줄여 주고, 많이 먹지 않아도 배가 부른 것처럼 느끼게 만들어 살을 빼는 데 효과적이라고 해요. 비만으로 힘들어했던 사람들이 이 치료제를 통해 살을 뺀 것이 알려지면서 엄청난 인기몰이를 하고 있지요. 그런데 살을 빼고 싶다는 이유로 비만이 아닌 사람까지 이 주사를 맞아 문제가 되고 있어요. 비만이 아닌 사람이 이 주사를 맞으면 효과가 없거나 근육이 주는 등의 부작용이 생겨 오히려 건강을 해칠 수 있어요.

 연계 키워드 (소아비만) (섭식 장애) (스몸비) (러닝 크루) (웨어러블 기기)

개념잡기

신체 건강은 아무런 병이 없고 몸이 튼튼한 상태를 말해요. 요즘 사람들은 오랫동안 앉아서 일하거나 공부하고, 스마트폰이나 컴퓨터 같은 디지털 기기를 오래 사용하기 때문에 여러 가지 신체적인 어려움을 겪고 있어요. 이 문제를 해결하기 위해 사람들은 건강한 식습관을 실천하고, 운동 시간을 늘리려는 노력을 이어 가고 있답니다.

소아 비만, 성인까지 간다!

전 세계적으로 어린이들이 가장 많이 겪는 건강 문제 중 하나가 바로 소아 비만이에요. 비만은 몸에 지방이 많이 쌓여 건강에 나쁜 영향을 주는 상태를 뜻하는데, 그로 인해 고혈압, 당뇨병, 지방간 같은 병이 생길 위험이 커요.

소아 비만은 운동 부족과 건강하지 않은 식습관 때문에 걸려요. 스마트폰이나 컴퓨터 사용 시간이 늘어나 몸을 잘 움직이지 않고, 단 음료나 기름진 음식을 자주 먹는 식습관까지 더해져 살이 쉽게 찌는 것이지요. 소아 비만인 어린이들은 어른이 된 후에도 비만일 가능성이 높아요. 한번 생긴 지방 세포는 없애기 힘들거든요.

이와 반대로 음식을 너무 먹지 않아서 문제가 되는 어린이들도 있어요. 텔레비전에 나오는 연예인처럼 되겠다며 음식을 거의 먹지 않거나, 억지로 토하며 살을 빼려는 거지요. 하지만 이런 다이어트는 몸에 필요한 영양을 부족하게 만들어요. 게다가 음식을 비정상적으로 먹는 섭식 장애라는 병으로 이어질 수도 있지요.

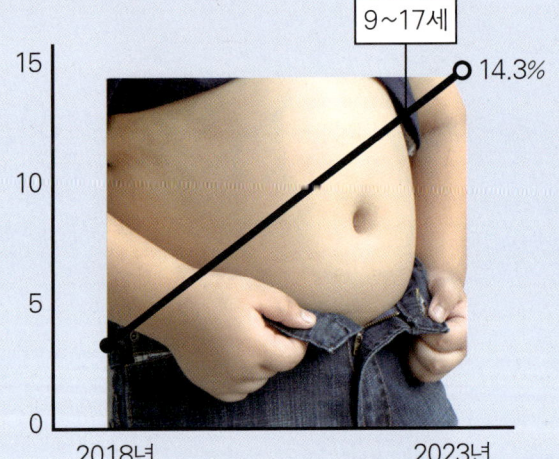

최근 5개년 소아 비만율

출처: 한국보건의료연구원

잠깐! 당신도 스몸비인가요?

길을 걷다 보면 스마트폰에 푹 빠진 사람들을 쉽게 만날 수 있어요. 스마트폰을 보느라 주변을 전혀 살피지 못하는 모습이 마치 좀비 같다고 하여 이런 사람들을 스몸비라고 부르지요.

혼자 달려요, 같이 달려요

잘못된 식습관과 생활 습관으로 망가진 건강을 지키기 위해 달리기를 하는 사람들이 부쩍 늘었어요. 달리기는 심장을 건강하게 만들어 주고, 여러 가지 병을 예방하는 데 도움을 줘요. 달릴 때 우리 몸에서 '행복 호르몬'이라고 불리는 엔도르핀이나 도파민이 나와서 기분이 좋아지고 스트레스도 줄어들지요.

달리기는 운동화만 있으면 누구나 어디서나 쉽게 할 수 있어요. 그렇다고 무작정 달리면 안 돼요. 무릎에 무리가 가지 않도록 반드시 준비 운동을 먼저 하고 달려야 해요. 초보자는 걷기부터 시작하는 것도 좋은 방법이지요. 혼자 달리는 것이 지루한 사람들은 ==러닝 크루==라는 모임을 만들어 함께 달리기도 해요. 다른 사람들과 함께 달리면 쉽게 포기하지 않고, 서로 어울리며 즐겁게 운동할 수 있거든요.

건강 관리도 똑똑하게!

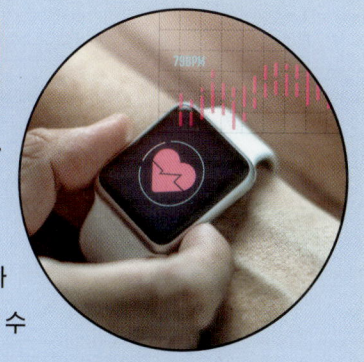

손목에 찬 시계가 생명을 구하기도 하고, 병이 생길 위험을 미리 알려 주기도 해요. 스마트워치는 단순한 시계가 아니라 심장 박동이나 수면 상태, 운동량 등을 측정할 수 있는 ==웨어러블 기기==예요. 이것을 잘 활용하면 건강을 똑똑하게 관리할 수 있지요. 스마트워치뿐만 아니라 반지처럼 생긴 스마트링, 몸에 붙이는 패치형 기기 등 다양한 웨어러블 기기를 사용해 병원에 가지 않고도 몸 상태를 확인하고, 병을 예방할 수 있어요.

스마트폰의 앱을 이용하여 건강 관리를 하는 사람도 많아요. 러닝 앱을 켜고 달리기를 하는 사람, 만보기 앱으로 걸음 수를 확인하는 사람, 칼로리 앱으로 먹은 음식의 칼로리를 확인하는 사람은 스마트폰을 똑똑하게 사용할 줄 아는 사람이에요. 이처럼 웨어러블 기기와 스마트폰 앱 같은 디지털 기기를 잘 사용하면 몸 상태를 편리하게 확인하고, 아프기 전에 미리 건강을 지킬 수 있답니다.

이처럼 매 순간 스마트폰을 손에서 놓지 못하는 사람이 늘고 있어요.

디지털 기기를 지나치게 사용하면 우리 몸에 여러 가지 문제가 생길 수 있어요. 고개를 숙인 채 계속 스마트폰을 하는 바람에 목이 굽어지는 거북목 증후군이 생기기도 하고, 스마트폰을 오랜 시간 손에서 놓지 않아 손목이 저릿해지는 손목 터널 증후군이 나타나기도 해요. 오랫동안 스마트폰을 보면 시력이 나빠지기 쉽고, 눈을 깜빡이지 않아 눈이 뻑뻑해지는 안구 건조증이 생기기도 하지요.

불멍, 물멍, 산멍, 유물멍, 멍때리자!

우리나라에 재미있는 대회가 있어요. 바로 '멍때리기 대회'예요. 참가자들은 90분 동안 조용히 앉아 스마트폰도 만지지 않고, 졸지도 않으면서 안정적인 상태를 유지해야 해요. 심장 박동이 가장 일정한 사람이 우승하지요. 누가 누가 멍때리기를 잘하는지 겨루는 대회라니 엉뚱하다고요? 멍때리기는 집중력을 높이고, 스트레스를 줄여 주는 좋은 방법이에요. 하루 종일 바쁘게 생활하면서 몸도 마음도 지치기 쉬운 요즘 사람들에게 뇌를 쉬게 하고, 마음 건강을 지키는 색다른 방법으로 인기를 끌고 있답니다.

연계 키워드 스트레스 번아웃 도파민 팝콘 브레인 디지털 디톡스

멍때리기라면 나도 자신 있지!

개념 잡기

마음 건강은 일상생활을 원만하게 유지할 수 있는, 정신적으로 정서적으로 안정된 상태를 말해요. 몸이 아플 때가 있는 것처럼 마음도 때때로 지치고 힘들 수 있어요. 마음이 건강하지 않을 때는 힘든 일에 쉽게 화를 내거나 잠을 못 자는 등의 어려움을 겪어요. 반대로 마음이 건강할 때는 여러 가지 감정들을 잘 다스리고, 어려운 일이 생겨도 잘 이겨 낼 수 있답니다. 그래서 몸을 돌보듯 마음도 잘 챙기고, 쉬게 해 주는 것이 중요해요.

스트레스 때문이야!

요즘 사람들은 어른, 아이 구분할 것 없이 모두 하루하루를 바쁘게 살아가요. 이렇게 쉴 틈 없이 바쁜 생활을 하다 보면 마음이 점점 지치지요. 마음을 지치게 만드는 가장 큰 원인은 바로 스트레스예요. 스트레스는 걱정이 많거나 부담이 클 때 생겨요. 하지만 사람들은 대부분 이런 마음의 신호를 대수롭지 않게 여기거나, 오히려 더 열심히 하려고만 해요. 이런 상태가 계속되면 번아웃이 찾아올 수 있어요. 번아웃은 너무 오랫동안 쉬지 않고 열심히 일하다가 지쳐 버린 상태를 뜻해요. 번아웃이 오면 아무리 쉬어도 피곤하고, 무기력해지며, 좋아하던 일도 재미없어지지요. 열심히 노력하는 것은 멋진 일이지만, 무엇보다 중요한 것은 자신의 마음을 돌보고 스스로를 아껴 주는 거랍니다. 마음이 건강해야 더 즐겁고 행복하게 살아갈 수 있어요.

마음 건강 문제를 경험한 적이 있다

- 2022년 63.9%
- 2024년 73.6%

사람들이 경험한 마음 건강 문제

항목	2022년	2024년
심각한 스트레스	36.0%	46.3%
수일간 지속되는 우울감	30.0%	40.2%
중독	6.4%	18.4%
자살 생각	8.8%	14.6%

출처: 국민 정신 건강 지식·태도 조사

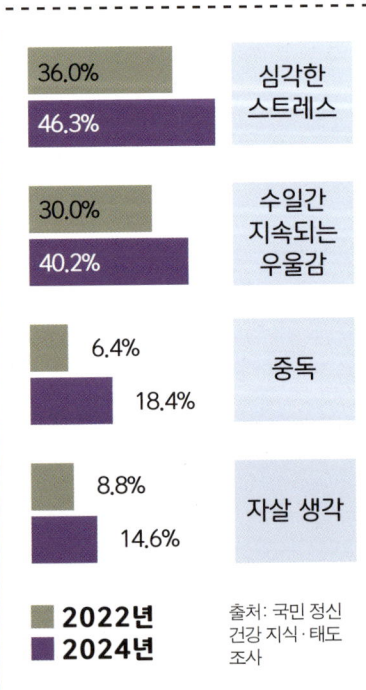

어린이도 행복하지 않아요

우리나라 어린이들이 꼴찌를 했어요. 스스로 얼마나 행복하다고 느끼는지 조사하여 점수로 나타낸 어린이 행복 지수에서 22개 경제 협력 개발 기구(OECD) 국가 중 22위를 기록한 거예요. 많은 전문가가 이 결과를 두고 우리나라 어린이들이 행복하다고 느끼지 못하는 가장 큰 이유는 바로 학업 스트레스와 충분하지 않은 수면 시간 때문이라고 분석했어요. 실제로 우리나라 어린이 열 명 중 여섯 명은 권장 시간보다 훨씬 더 오래 공부한다고 해요. 늦은 시간까지 숙제를 하거나 학원 수업을 듣느라 지친 몸과 마음을 쉴 시간이 없고요.

그래서 '공교육 정상화법'이라는 특별한 법도 생겼어요. 학교에서 다음 학년의 내용을 미리 다루는 것을 금지하여 어린이의 학습 부담을 줄이는 법이에요. 하지만 이 법의 규제를 받지 않는 학원에서는 여전히 선행 학습이 이루어지고 있어 이 법이 제 기능을 하지 못하고 있는 상황이에요.

OECD 어린이 행복 지수

순위	국가
1	네덜란드/115.21점
2	노르웨이/114.58점
3	스페인/113.98점
⋮	
20	벨기에/88.47점
21	체코/83.14점
22	대한민국/79.5점

출처: 한국방정환재단(2021년)

쇼트 폼만 보다간 뇌가 팝콘 된다?

1분도 안 되는 자극적인 영상이 쉴 틈 없이 이어지는 쇼트 폼을 한번 보기 시작하면 시간 가는 줄 몰라요. 이렇게 자극을 계속 받으면 뇌에서 도파민이라는 물질이 많이 나와요. 도파민은 기분을 좋게 해 주는 물질이지만, 뇌가 도파민에 과도한 자극을 받으면 문제가 생겨요. 더 강하고 빠른 자극이 아니면 도파민을 내보내지 않아 평범한 일은 지루하게 느끼는 거예요. 도파민에 중독된 거지요. 이처럼 도파민에 중독된 뇌를 팝콘 브레인이라고 불러요. 팝콘이 뜨거운 열을 받아 갑자기 팡팡 튀듯이, 우리 뇌도 강한 자극에만 반응하고 평범한 일에는 집중하지 못하게 되는 거예요.

요즘 마음 건강법

몸의 건강만큼 마음 건강도 중요해요. 그래서 요즘은 마음을 건강하게 돌보는 여러 가지 방법들이 인기를 끌고 있어요.

건강해지는 중이에요.

1 독서

책을 읽으면 조용히 집중할 수 있어서 마음이 편안해져요. 책 속 문장을 따라 쓰는 필사가 인기를 끌기도 하지요. 글자를 천천히 따라 쓰다 보면 마음이 차분해지고 생각도 정리된답니다.

2 디지털 디톡스

디지털 디톡스는 스마트폰이나 태블릿 같은 디지털 기기를 일정 시간 동안 멀리하고 자신을 돌아보는 시간을 가지는 거예요. 디지털 세상의 빠른 속도와 자극에서 벗어나 조용히 자연을 느끼거나 가족과 대화를 나누며 마음의 건강을 지키는 것이지요.

3 꿀잠 자기

잠을 잘 자야 몸도 건강하고, 마음도 튼튼해져요. 그래서 사람들은 더 빨리 잠들고, 오랫동안 깊이 자는 것을 목표로 여러 가지 노력을 하지요. 잠을 잘 자기 위해 방 안을 어둡게 하고, 자기 전에 스마트폰을 멀리하는 거예요. 따뜻한 물로 샤워하고, 아로마 향을 맡는 사람들도 있어요.

여행

야호, 나도 빵 먹으러 간다!

빵 먹으러 대전 간다!

노잼 도시라고 불리며 사람들의 관심을 받지 못했던 대전이 인기 여행지로 주목받고 있어요. 유명 빵집 '성심당' 덕분이에요. 성심당은 대전에서만 만날 수 있는 특별한 빵집이에요. 성심당에서 가장 유명한 빵인 튀김 소보로를 먹기 위해 하루에도 수많은 사람이 줄을 서지요.

성심당을 중심으로 많은 사람이 대전을 찾다 보니, 대전시 동구에서는 관광객을 위해 '대전 동구 빵 지도'를 만들었어요. 사람들이 성심당뿐 아니라 지도에 나온 여러 빵집에서 다양한 맛을 즐기게 되면서 지역 경제도 활발해졌지요. 맛있는 빵 하나가 도시를 북적이게 만든 거예요.

연계 키워드

캠핑 웰니스 여행 지역 축제

개념잡기 일상에서 벗어나 다른 곳으로 떠나는 걸 여행이라고 하죠. 요즘은 여행의 모습이 다양해지고 있어요. 과거에는 대부분 유명한 장소를 관광하거나 휴식을 위해 여행을 떠났어요. 하지만 요즘은 자신이 좋아하는 것을 직접 체험하고 느끼기 위해 여행을 떠나는 사람이 많아졌어요. 맛있는 음식을 먹기 위해, 좋아하는 운동을 하기 위해, 조용한 자연을 느끼기 위해 여행하는 거예요.

'짧게, 자주' 여행, 일상이 되다!

- 10:00 경주역
- 11:00 대릉원
- 12:00 황리단길
- 14:00 국립경주박물관
- 16:00 첨성대
- 17:00 동궁과 월지
- 19:00 경주역

예전에는 여행을 가기 위해 방학이나 휴가철을 기다리는 사람이 많았어요. 여행은 자주 가기 힘든 거라고 생각해 여행 기간 내내 바쁘게 돌아다니기 일쑤였지요. 하지만 요즘은 하루나 이틀 동안 가까운 곳으로 가볍게 여행을 떠나는 사람이 많아졌답니다. 이런 짧은 여행은 주말을 활용하거나 하루만 휴가를 내고 다녀올 수 있어서 훨씬 자주 떠날 수 있어요. 여행을 특별한 이벤트가 아닌 일상의 즐거움으로 생각하게 된 거예요.

이런 여행이 가능해진 이유는 교통이 좋아졌기 때문이에요. 고속 도로와 고속 열차 덕분에 다른 지역까지 편리하고 빠르게 이동할 수 있거든요. 아침에 출발해서 점심에 맛있는 음식을 먹고 즐겁게 여행한 후 저녁에 집으로 돌아오는 것도 가능해졌어요.

짧은 여행과 함께 캠핑도 인기가 많아졌어요. 멀리 가지 않아도 집 근처 숲이나 강가에 텐트를 치고 하룻밤을 보내면 여행 온 기분을 느낄 수 있으니까요.

몸과 마음을 치유하다, 웰니스 여행

'디지털 디톡스 여행'이라는 특별한 여행이 큰 인기를 끌고 있어요. 몸에 쌓인 나쁜 것들을 빼내는 디톡스처럼 여행하면서 스마트폰, 컴퓨터 같은 디지털 기기로부터 받은 피로와 스트레스를 말끔히 씻어 내는 거지요. 이 여행에서는 디지털 기기와 잠시 떨어져서 생활하며 숲속을 걷거나, 책을 읽는 등 조용한 시간을 보내요. 처음에는 조금 불편할 수 있지만, 점점 마음이 편해지고 머릿속이 맑아지는 것을 경험할 수 있어요.

사람들은 여행을 몸과 마음의 회복을 위한 시간으로 생각하기 시작했어요. 그래서 디지털 디톡스 여행과 같은 ==웰니스(Wellness) 여행==을 떠나는 사람이 많아졌지요. 웰니스는 '건강(well)'과 '행복(happiness)'을 뜻하는 단어가 합쳐진 말이에요. 자기만의 속도로 원하는 것을 즐기며 몸과 마음의 에너지를 충전하는 여행인 거지요.

핸드폰은 잠시 안녕!

지역 축제도 힙하게!

여기는 김밥천국 **김천입니다!**

==지역 축제==는 지역을 알리고 사람들을 모이게 하는 힘이 있어요. 특히 요즘 지역 축제는 그 지역만의 이야기와 아이디어로 재미있게 만들어져서 많은 사람을 끌어들이고 있지요. 김천에서 열린 '김밥 축제'가 대표적이에요. 김밥 브랜드 '김밥천국'을 줄여 김천이라고 부르는 사람이 많아지자, 김천 사람들은 김천을 진짜 김밥천국으로 만들어 보기로 한 거예요. 이 아이디어만으로도 사람들의 관심을 끌어 처음 열린 김천 김밥 축제에는 10만 명이 넘는 사람이 몰렸어요. 김천에서는 김밥과 관련된 것으로 축제를 가득 채워 두었지요. 이를 통해 사람들은 김천 하면 김밥 브랜드뿐만 아니라 김천이라는 지역을 떠올리게 되었답니다.

많은 사람들이 축제에 찾아오면 지역 경제에 도움이 돼요. 지역의 특징을 살린 재미있는 축제는 인구 소멸 지역에 새로운 활기를 불어넣을 수도 있답니다.

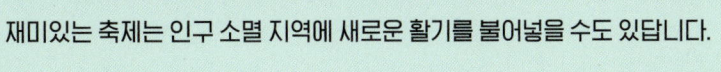

반려동물

댕댕이도
같이 비행기 타요!

강아지가 사람처럼 비행기 좌석에 앉아 제주도로 여행을 떠났어요. 제주항공에서 '반려견 동반 전용기'를 띄운 거예요. 원래 강아지를 비행기에 태우기 위해서는 케이지 안에 넣어 좌석 밑에 놓거나 화물칸에 실어야만 했죠. 하지만 반려견 동반 전용기에서 강아지들은 주인 옆자리에 나란히 앉아 간식을 먹고 선물도 받으며 편안하게 비행을 즐겼답니다.
반려동물을 키우는 사람들이 많아지면서 여러 항공사에서는 반려동물 마일리지나 반려동물 전용 좌석인 펫존처럼 반려동물과 비행을 즐길 수 있는 서비스를 준비하고 있어요.

 연계 키워드 〔펫로스 증후군〕 〔반려동물 보유세〕

개념 잡기

반려동물은 가족처럼 여겨 가까이 두고 기르는 동물을 말해요. '귀여워서' 또는 '외로워서' 키우는 것이 아니라, 함께 살아가는 소중한 가족이지요. 그래서 동물을 귀여워한다는 뜻을 품은 '애완동물'이 아니라 '반려동물'이라고 하는 거예요. 이러한 흐름에 발맞추어 정부는 반려동물이 사람들과 함께 행복하게 살아갈 수 있는 정책을 준비하고 있어요. 많은 기업에서도 반려동물을 위한 사업을 선보이고 있답니다.

반려동물을 위해 아끼지 않는다!

우아! 반려동물들 좋겠다!

반려동물을 가족으로 여기고 소중히 키우는 사람들이 많아지면서 다양한 상품과 서비스가 새롭게 등장했어요. 반려동물과 함께 펫캉스를 즐길 수 있는 반려동물 동반 호텔이나 리조트부터 반려동물 전용 놀이터, 반려동물 맞춤형 영양제까지 생겼답니다. 또 위치를 파악하거나, 건강 상태를 확인할 수 있는 스마트 목걸이, 사료를 맞춤으로 주는 자동 급식기처럼 디지털 기기를 이용해 반려동물을 편리하게 돌볼 수 있는 펫테크 기술도 발전하고 있어요. 펫보험 상품도 있어 반려동물에게 병이나 사고가 생겼을 때를 대비할 수도 있지요. 이처럼 반려동물을 위해 기꺼이 돈과 시간을 쓰는 사람들이 많아지면서 관련 산업도 빠르게 커지고 있답니다.

반려동물이 떠나도 똑같이 슬퍼요

반려동물은 대부분 사람보다 빠르게 늙기 때문에 먼저 세상을 떠나는 경우가 많아요. 그럴 때면 먼저 떠난 반려동물을 그리워하며 깊은 슬픔을 느끼곤 하지요. 이런 상태를 펫로스 증후군이라고 하는데, 반려동물을 키우는 사람 중 절반 이상이 펫로스 증후군을 경험한다고 해요. 하지만 반려동물을 키우지 않는 사람들은 이런 슬픔을 잘 이해하지 못해 펫로스 증후군으로 힘들어하는 사람들에게 상처가 되기도 하지요.

반려동물을 가족처럼 여기는 문화가 널리 퍼지면서 반려동물과 이별한 마음을 위로해 주는 서비스가 점점 많아지고 있어요. 일부 기업에서는 반려동물이 세상을 떠나면 하루 정도 쉴 수 있는 장례 휴가를 주기도 하지요.

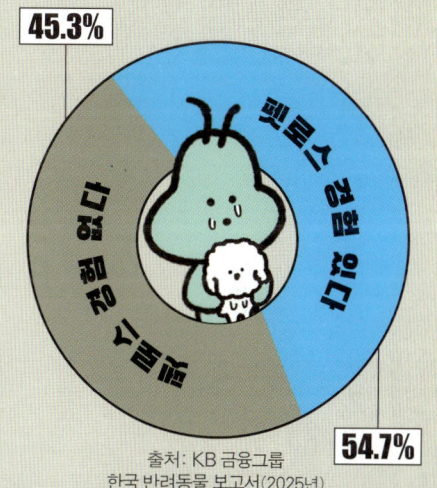

출처: KB 금융그룹 한국 반려동물 보고서(2025년)

반려동물을 키우면 세금을 내라고요?

반려동물 보유세에 관한 검토가 이루어져 많은 사람의 관심을 끌었어요. 이 세금에 찬성하는 사람들은 반려동물과 관련해서 쓰이는 나랏돈은 반려동물을 키우는 사람이 내야 한다고 생각해요. 준비가 된 사람들만 책임감 있게 반려동물을 키울 테니 버려지는 동물 수를 줄일 거라고도 생각하지요. 또한, 반려동물 보유세로 유기 동물 보호소를 운영하거나, 아픈 동물을 치료할 수 있어 동물들의 환경이 좋아질 거라는 의견도 있어요. 실제로 독일, 스위스를 비롯한 유럽 나라와 미국, 캐나다 등에서는 반려동물을 키우는 사람들에게 일정 금액의 세금을 걷고 있답니다.

반면 반려동물 보유세가 버려지는 동물 수를 늘릴 거라고 생각하는 사람들도 있어요. 갑자기 생긴 세금 부담 때문에 반려동물을 유기하는 일이 생기지 않을까 우려하는 것이지요. 정부는 이 세금을 도입하지 않기로 했지만, 앞으로 사회적 논의는 계속될 거예요.

'반려동물은 가족의 일원이다'

| 9.2% 반반이다 | 87.2% 동의한다 | 3.6% 동의하지 않는다 |

출처: KB 금융그룹 한국 반려동물 보고서(2025년)

문화

주제
대중문화 · 예술 · 전통문화 · 종교 · 스포츠

대중문화

세계가 사랑하는 케이 컬처

'아파트, 아파트! 아파트, 아파트!'라고 흥얼거리며 케이 팝을 따라 부르는 외국인들의 목소리가 지구 곳곳에서 들려와요. 한국 드라마와 영화, 예능도 전 세계적인 인기를 끌고 있지요. 드라마에 나온 한국 음식에 관심을 가진 외국인들이 떡볶이나 달고나를 먹고, 직접 김치를 만들어 먹기도 한답니다. 자연스럽게 한국어도 세계에 알려졌어요. 외국인들이 '형', '막내' 같은 한국어 단어를 쓰기도 하고, 'daebak(대박)', 'mukbang(먹방)' 같은 단어가 영국 옥스퍼드 대학교에서 펴내는 영어 사전에 실리기도 했지요. 이처럼 전 세계 사람에게 사랑받는 한국 문화를 케이 컬처라고 불러요.

연계 키워드 OTT 쇼트 폼 아이돌

개념잡기

대중문화는 많은 사람이 함께 즐기는 문화를 말해요. 가요, 드라마, 영화, 예능 같은 대중문화는 대량으로 만들어지고, 많은 사람이 소비한다는 특징이 있어요. 그래서 빠르게 퍼지고 유행을 이끌지만, 사람들이 선호하는 내용이 반복되거나 자극적인 내용이 담기기도 해요. 텔레비전, 라디오 같은 전통 매체부터 유튜브, 넷플릭스, 틱톡 같은 디지털 플랫폼까지 다양한 미디어가 대중문화를 빠르게 퍼뜨리고 있어요.

텔레비전과 영화관에서 OTT로!

편하다 편해.

예전에는 드라마나 뉴스를 보기 위해 온 가족이 텔레비전 앞에 모이곤 했어요. 정해진 시간에 프로그램이 방영되고, 끝나고 나면 다른 방송이 이어지기 때문에 시간에 맞춰 텔레비전을 켜지 않으면 중요한 장면을 놓치기도 했지요. 영화를 보고 싶을 때는 영화관에 직접 가서 정해진 시간에 상영하는 영화를 봐야만 했답니다. 하지만 요즘은 스마트폰, 태블릿, 노트북 등을 이용해 각자 좋아하는 영상을 원하는 시간에 볼 수 있어요. 바로 다양한 OTT(Over The Top) 서비스 덕분이에요. OTT는 인터넷으로 영상을 볼 수 있는 서비스를 말해요. 넷플릭스, 유튜브 같은 OTT 서비스로 언제 어디서든 보고 싶은 영상을 골라서 볼 수 있지요. 이처럼 개인에 맞춰 점점 다양해지고 있는 미디어 덕에 우리는 원하는 콘텐츠를 자유롭게 즐길 수 있게 되었어요.

쇼트 폼이 대세!

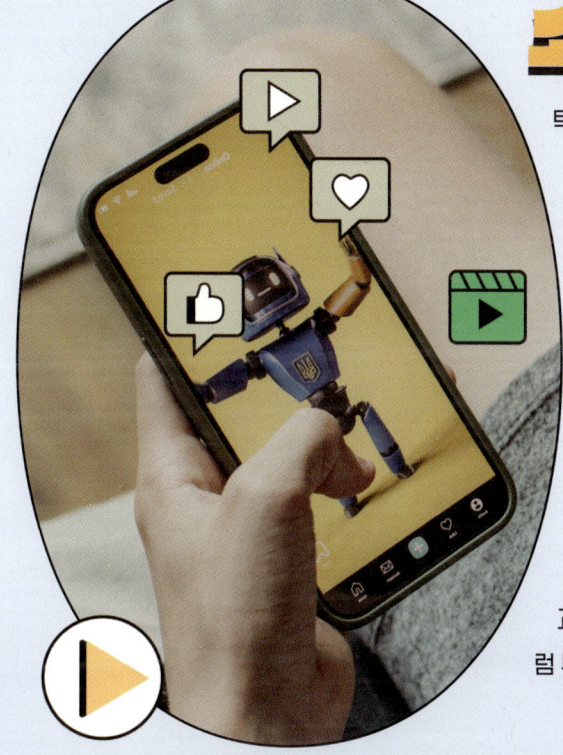

틱톡, 유튜브의 쇼츠, 인스타그램의 릴스처럼 1분 안팎의 짧고 재미있는 영상이 끝도 없이 이어져요. 요즘은 짧은 영상, 즉 <mark>쇼트 폼</mark>이 대세거든요. 쇼트 폼은 바쁜 현대인들이 가볍게 틈틈이 즐길 수 있어 인기를 끌고 있어요. 드라마나 영화를 유튜브에 올라온 요약본으로만 보는 사람도 많아졌지요. 드라마 한 편이 한 시간이라면, 요약본은 10분 정도니 시간을 절약할 수 있다는 장점이 있어요. 볼 콘텐츠가 너무나도 많아 모든 것을 다 보기는 힘들기 때문에 핵심만 빠르게 알려 주는 짧은 영상을 찾는 거예요. 한정된 시간에 더 많은 콘텐츠를 효율적으로 소비하려는 거지요. 이런 변화에 발맞춰 '스낵 무비'도 등장했어요. 스낵 무비는 10분 안팎의 짧은 상영 시간과 1000원 정도의 저렴한 가격이 특징이에요. 과자를 먹는 것처럼 부담 없이 영화를 즐길 수 있는 거예요.

나도 아이돌처럼?

<mark>아이돌</mark> 영상을 보는 데에 익숙한 사람들은 자기도 아이돌처럼 되고 싶어 해요. 노래를 따라 하는 것을 넘어서 아이돌처럼 날씬해지기 위해 무리하게 다이어트를 하거나, 아이돌을 따라 값비싼 명품을 사기도 해요. 명품을 갖지 않으면 자신이 부족하다고 느끼기도 하지요.

아이돌이나 드라마, 영화, 예능 등 대중문화에 너무 심하게 빠지면 그 속에서 보이는 모습만 정답이라고 여기게 돼요. 그렇게 되면 자기만의 고유한 모습을 잃게 될 뿐만 아니라 대중문화 속 이야기가 세상의 전부라고 착각할 수도 있지요. 대중문화는 분명 우리에게 즐거움을 주지만, 그것을 무조건 쫓기보다는 올바른 기준을 갖고 받아들여야 해요.

예술

우리도 노벨 문학상 보유국!

2024년, 문학을 사랑하는 전 세계 사람들의 눈이 우리나라로 향했어요. 한강 작가가 세계에서 가장 권위 있는 상 중 하나인 노벨 문학상을 받았기 때문이에요. 우리나라 작가가 노벨 문학상을 받은 것은 이번이 처음이에요. 아시아 여성으로도 첫 수상이어서 더욱 특별했지요.

노벨상 선정 기관인 스웨덴 한림원은 "한강 작가는 시처럼 아름다운 문장으로 인간의 연약함과 세상의 폭력에 대해 이야기하며, 현대 문학의 새로운 길을 보여 주었다."라고 말했어요. 한강 작가의 노벨 문학상 수상은 우리나라 문학이 세계에서 인정받았다는 증거이자, 문학이 가진 힘을 다시 한번 생각하게 해 주는 감동적인 일이에요.

연계 키워드 현대 예술 클래식 지브리풍 저작권 논란

축하드립니다!

개념 잡기 예술은 마음속 생각과 느낌을 그림, 음악, 글, 춤 등으로 표현하는 것이에요. 사람의 마음을 담아내는 특별한 표현 방식이지요. 예술은 정해진 답이 없기 때문에 각자의 생각과 느낌을 자유롭게 표현할 수 있어요. 또한 같은 예술 작품을 보더라도 보는 사람마다 다르게 느끼고 해석할 수 있답니다.

벽에 붙인 바나나 하나의 가격은?

두구두구두구

어때? 나도 예술 작품 같아?

벽에 테이프로 붙여 둔 바나나 하나가 무려 620만 달러(약 86억 원)에 팔렸어요. 쉽게 구할 수 있는 바나나 하나가 예술 작품이 되어 놀라운 가격에 팔린 거예요. 바로 이탈리아 예술가인 마우리치오 카텔란의 〈코미디언〉이라는 작품이에요. 이 작품이 이렇게 높은 가격에 팔린 것은 담고 있는 의미 때문이에요. 카텔란은 이 작품을 통해 작품의 예술성보다 작가의 유명세나 투자 가치를 중요하게 여기는 현대 미술을 비판했어요. 또, 바나나처럼 시간이 지나면 망가지는 물건을 재료로 써서 영원하다고 여겨지는 예술을 풍자했지요. 처음 〈코미디언〉에 쓰인 바나나는 카텔란이 1달러(약 1400원)에 산 것이고, 주기적으로 교체된다고 해요.

이처럼 <mark>현대 예술</mark>은 다양한 표현 방식을 존중하며 예술로 받아들이고 있어요. 작가가 세상을 바라보는 관점이나 작품 속에 담은 메시지를 중요하게 여기는 거지요. 그래서 요즘 미술관에서는 카텔란의 바나나처럼 우리가 평소에 쓰는 물건이나 소리, 영상도 예술 작품으로 전시되곤 한답니다.

클래식 아이돌

요즘 클래식의 인기가 무척 뜨거워요. 조성진이나 임윤찬 같은 스타 피아니스트가 무대에 오르는 공연은 단 1분 만에 전석이 매진되기도 하지요. 이와 같은 클래식의 인기는 2015년에 조성진이 세계에서 가장 유명한 피아노 대회인 '쇼팽 국제 피아노 콩쿠르'에서 한국인 최초로 우승하며 시작됐어요. 조성진의 연주 영상을 보며 많은 사람이 클래식에 관심을 갖게 되었고, 클래식 공연장을 찾는 사람도 점점 늘어났지요. 2022년에는 임윤찬이 세계 3대 피아노 대회로 꼽히는 '반 클라이번 국제 피아노 콩쿠르'에서 최연소 1위를 차지하며 그 인기를 이어 갔어요. 임윤찬의 천재성을 잘 보여 주는 대회 결선 연주 영상은 전 세계 사람들의 주목을 받았고, 유튜브에서 수백만 조회 수를 기록하기도 했지요. 조성진과 임윤찬을 넘어 클래식 자체에 관심을 갖게 된 사람들을 위해 클래식은 누구나 즐길 수 있는 음악으로 다가가고 있어요. 공원이나 광장에서 무료 공연을 열거나, 영화 음악이나 애니메이션 음악을 오케스트라가 연주하기도 한답니다.

AI가 그린 그림이 1위?

8,600,000,000원!

인공 지능 미드저니가 그린 〈스페이스 오페라 극장〉

미국에서 열린 한 미술 대회에서 1등을 한 그림이 인공 지능이 만든 그림이었다는 것이 알려져 화제가 됐어요. 1등을 한 작품은 '미드저니'라는 생성형 인공 지능 프로그램이 사람의 명령어에 따라 그려서 완성한 작품이었지요. 이처럼 인공 지능이 다양한 스타일의 그림을 마치 사람이 그린 것처럼 자연스럽게 만들어 내고 있어요. 인공 지능 프로그램에 '지브리풍' 그림을 그려 달라고 명령어를 입력하면 지브리의 유명한 애니메이션과 비슷하게 부드럽고 따뜻한 그림이 만들어져요. '디즈니풍', '반 고흐풍' 등 어떤 스타일도 쉽게 만들어 주지요. 많은 사람이 이를 재미있게 써서 한때 사람들의 소셜 미디어 프로필이 지브리풍 그림으로 가득 채워지기도 했어요.

이렇게 인공 지능이 그림을 그리는 것은 유명한 작가들의 그림을 학습한 결과예요. 인공 지능이 예술가의 작품을 허락 없이 따라 한 것일 수 있다는 점에서 저작권 논란이 있지요. 인공 지능이 만든 그림은 다른 사람의 작품을 몰래 베낀 것이라는 비판이 나오는 이유예요.

전통문화

우리 집에 뮷즈 있다!

박물관이 지루한 장소라는 이미지에서 벗어나 특별하고 재미있는 장소로 인기몰이를 하고 있어요. 이러한 인기의 중심에는 '뮷즈'가 있어요. 뮷즈는 '뮤지엄(박물관)'과 '굿즈(상품)'를 합친 말로 박물관의 유물을 바탕으로 만든 다양한 물건을 뜻해요.

대표적인 인기 뮷즈로는 '반가 사유상 미니어처'가 있어요. 국립 중앙 박물관 '사유의 방'에 전시된 국보, 금동 반가 사유상을 작게 만든 거지요. 그 외에도 소스를 담으면 웃는 얼굴이 짙어지는 '신라의 미소 소스 볼', 시원한 음료를 따르면 선비 얼굴이 붉어지는 '취객 선비 3인방 변색 잔' 등 실용적이면서도 전통을 담은 뮷즈가 인기를 끌고 있어요.

연계 키워드: 세계 유산 / 유네스코 / 국가 무형유산 보유자

개념잡기

전통문화란 옛사람들로부터 이어져 온 우리나라의 고유한 문화를 말해요. 김치, 제사 같은 삶의 방식이나 판소리 같은 예술, 그리고 각종 문화유산 등이 전통문화에 속하지요. 전통문화는 지금도 이어지고 있어요. 문화유산 보호에 힘쓰고, 학교나 박물관에서 전통문화에 관해 교육하기도 해요. 이러한 노력 덕분에 전통문화가 사라지지 않고 다음 세대에게 전해질 수 있는 거랍니다.

한국의 세계 유산 총 17개 되다!

반구천의 암각화

절벽 속 동굴에 자리 잡은 불상인 석굴암, 역사의 흔적을 품은 창덕궁 등 우리나라에는 소중한 유산이 많이 있어요. 이런 유산들은 세계 유산으로 지정되어 우리나라뿐만 아니라 전 세계가 꼭 지켜야 할 보물로 인정받고 있어요. 2025년에는 '반구천의 암각화'가 새롭게 세계 유산으로 선정되면서 우리나라의 세계 유산은 무려 17개가 되었답니다.

세계 유산은 유네스코라는 국제기구에서 엄격한 심사과정을 통해 선정해요. 우리나라의 세계 유산으로는 불국사와 해인사의 장경판전, 종묘, 수원 화성 등이 있어요. 제주도의 화산섬과 용암 동굴처럼 자연의 아름다움이 담긴 세계 유산도 있지요. 17개의 세계 유산처럼 눈에 보이고 형태가 있는 문화유산이 있는가 하면, 판소리, 종묘 제례악, 강릉 단오제처럼 모양은 없지만 오래전부터 이어져 온 무형 문화유산도 있어요. 유네스코에서는 이러한 인류 무형 문화유산도 지정해 보호하고 있지요.

얼쑤! 지화자! 전통문화 컬래버!

심장을 울리는 북소리와 함께 부채춤, 봉산 탈춤을 추는 BTS의 멋진 무대가 펼쳐지자 전 세계 사람들이 환호했어요. 노래 〈IDOL〉의 신나는 리듬 속에 들어 있는 '얼쑤', '지화자' 같은 우리나라 전통 추임새를 전 세계 팬들이 따라 불렀지요. BTS 멤버 슈가는 노래 〈대취타〉에서 조선 시대 왕이 행차할 때 연주하던 음악인 '대취타'를 현대 음악으로 재해석했어요. 조선 시대 왕의 옷을 입은 슈가와 국악기가 어우러진 모습이 펼쳐진 뮤직비디오의 유튜브 조회 수는 4억 7000만 회가 넘었지요. 블랙핑크도 노래 〈Pink Venom〉에서 힙합 비트 위에 거문고 연주를 더해 곡을 더욱 매력적으로 만들었어요. 이처럼 전통문화와 현대 문화가 만나면 아주 특별하고 멋진 모습이 탄생한답니다.

우리나라의 전통 옷인 한복 역시 새로운 모습을 보여 주고 있어요. 전통의 멋을 살리면서도 입기 편하게 만든 퓨전 한복 덕분에 요즘에는 명절이나 전통 행사 때뿐 아니라 여행지에서도 즐겁게 한복을 입는 사람들이 많아졌답니다. 현대적인 감각과 실용성을 더한 한복을 교복으로 정하는 학교도 점차 늘고 있다고 해요.

국가 무형유산 보유자가 사라진다?

우리나라에는 특별한 유산이 있어요. 바로 사람이에요. 전통적인 악기나 노래, 춤, 공예 같은 것들을 잘 갈고닦아 보존하고 계승하는 사람들을 <mark>국가 무형유산 보유자</mark>라고 해요. 그런데 요즘 국가 무형유산 보유자가 점점 사라지고 있어요. 갓을 짜는 사람, 짚신을 만드는 사람, 줄타기하는 사람처럼 국가 무형유산 보유자로 활동하는 사람 중에는 나이가 많고, 후계자가 없는 경우가 많아요. 자녀에게 기술을 가르치려 해도, 이 기술만으로는 생계를 유지하는 것이 어려워 망설이는 경우가 많지요. 국가 무형유산 보유자의 기술이 끊기면 다시는 볼 수 없게 될 가능성이 높아요. 이렇게 되면 우리 전통의 멋과 가치도 함께 사라지게 되고, 다른 나라에서 우리 문화를 자기 것이라고 주장하는 일이 생길 수도 있어요.

짚신 삼기 　줄타기

잠깐!

김치가 중국 전통 음식이라고? NO!

우리나라 밥상에 빠지지 않는 반찬이 바로 김치예요. 조상들의 지혜가 담긴 우리의 전통 음식이지요. 그런데 중국에서 김치를 자신들의 전통 음식이라고 주장해 논란이 되고 있어요. 중국의 인플루언서가 소셜 미디어에 김치 담그는 영상을 올리면서 '중국 전통 요리'라는 설명을 붙인 거예요. 이 영상은 3000만 명이 넘는 사람이 볼 정도로 많은 관심을 받았어요. 중국 인터넷 백과사전에 김치가 중국에서 시작되었다고 설명돼 있기도 하지요. 이런 잘못된 주장을 막기 위해 우리나라는 11월 22일을 '김치의 날'로 정하고 김치의 가치와 중요성을 알리고 있어요. '중국의 파오차이는 우리나라의 김치와 전혀 관련이 없습니다.'라는 정보를 만들어 배포하기도 했지요. 해외에서 인기를 얻고 있는 우리나라 드라마나 영화에 김치가 등장해서 외국인들에게 자연스럽게 김치는 한국 음식이라는 사실이 알려지기도 했어요.

다른 나라 사람이 우리 문화의 뿌리를 왜곡하려고 할 때 사실을 바로잡지 못하면 우리 고유의 문화가 흐려질 수 있어요. 김치가 우리나라 음식인 것을 알리는 일은 우리 민족의 역사와 정체성을 지켜 내기 위한 노력이랍니다.

종교

극락도 락이다! 세상에서 가장 재밌는 불교

불교가 '힙한 종교'로 젊은 사람들의 마음을 사로잡고 있어요. 최근 몇 년간 서울 국제 불교 박람회에는 20만 명이 넘게 다녀갔고, 그중 대부분이 20대와 30대였어요. 2024년에 열린 박람회에서는 한 코미디언이 스님 복장으로 디제잉을 하며 흥을 돋우고, '극락도 락이다' 같은 문구가 쓰인 티셔츠와 굿즈도 팔았지요. 이렇게 새롭고 재미있는 활동과 더불어 마음을 편안하게 해 주고, 위로를 주는 불교에 젊은 사람들이 호감을 보이고 있답니다.

연계 키워드: 종교의 자유, 히잡, 교황

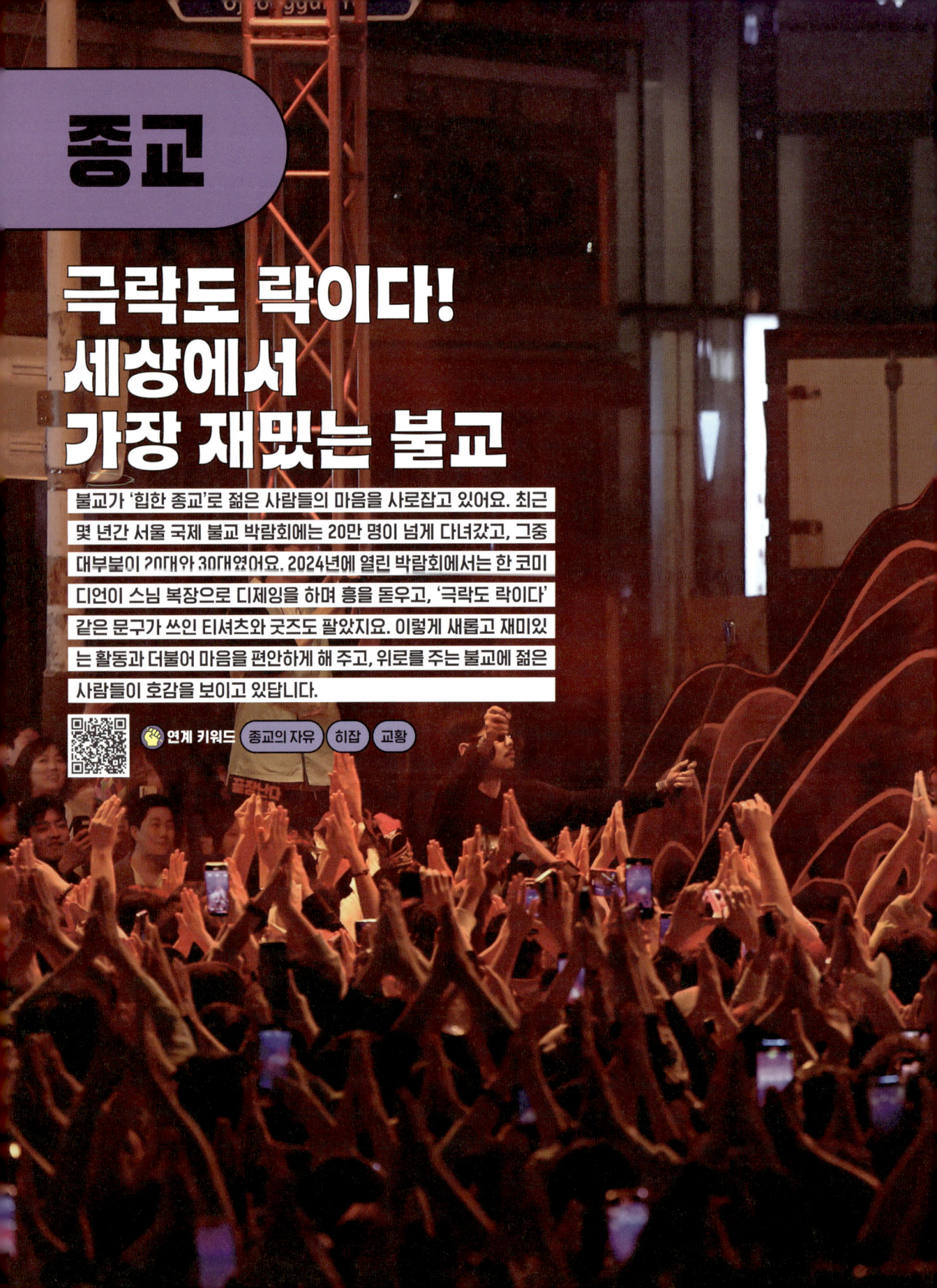

개념 잡기

종교는 신이나 어떤 절대적인 힘을 믿으며 삶의 의미를 찾고 고민을 해결하는 문화 체계를 말해요. 불교, 기독교(천주교, 개신교 등), 이슬람교 등이 대표적인 종교이지요. 종교는 삶의 방식이나 문화에 영향을 많이 끼쳐요. 이슬람교를 믿는 사람은 돼지고기를 먹지 않고, 힌두교를 믿는 사람은 소고기를 먹지 않는 것처럼요.

국내 종교 인구 비율
출처: 한국리서치 종교 인식 조사(2024년)

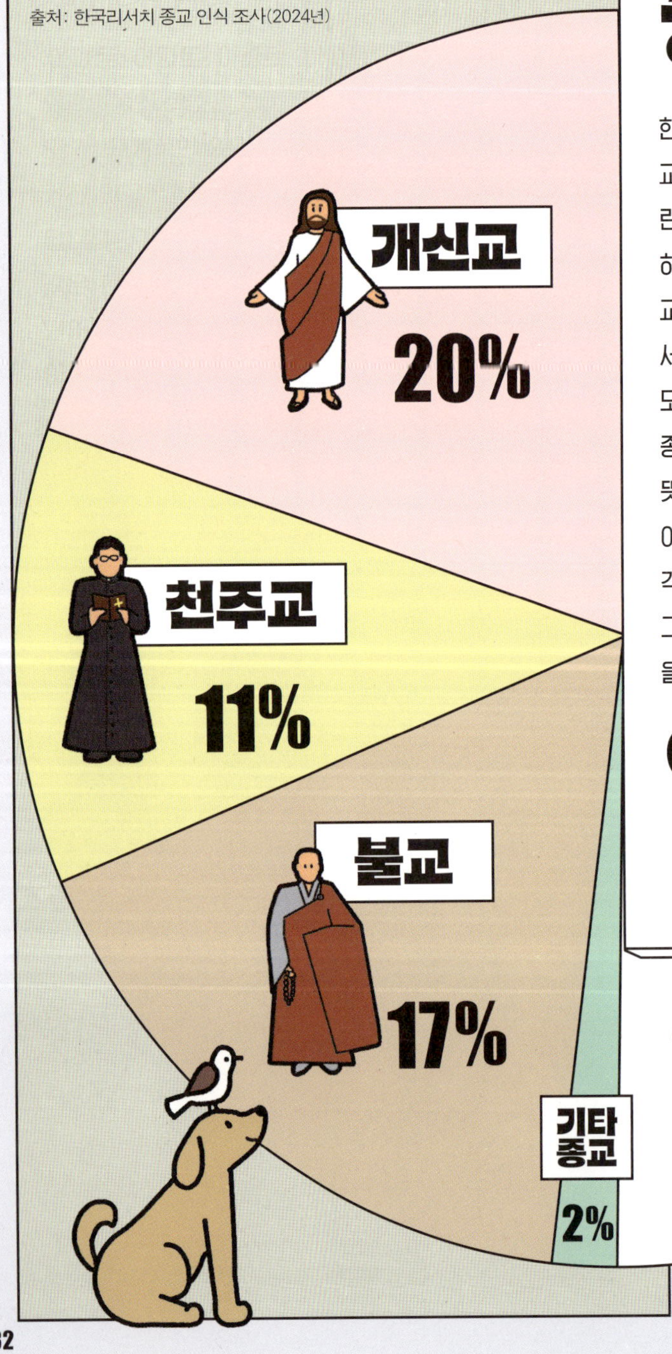

- 개신교 20%
- 천주교 11%
- 불교 17%
- 기타 종교 2%
- 종교 없음 51%

종교요?

한 조사에 따르면 우리나라 전체 인구의 절반 이상이 종교가 없다고 답했어요. 특히 10대, 20대처럼 나이가 어린 사람일수록 종교를 믿지 않는 비율이 높다고 해요. 하지만 사람들이 종교에 관심이 없는 것은 아니에요. 종교는 없지만, 가족과 함께 종교 행사를 즐기거나 종교에서 말하는 따뜻한 가르침을 따라 살려고 노력하는 사람도 많답니다.

종교는 어려울 때 서로 도와주고, 외로운 사람에게 따뜻한 말을 건네며 모두가 함께 잘 살아가도록 이끄는 힘이 있어요. 요즘은 예전보다 종교를 꼭 가져야 한다고 생각하는 사람이 줄어들었지만, 종교가 주는 위로와 평화, 그리고 사람과 사람 사이의 연결은 여전히 중요한 역할을 하고 있어요.

없어요!

종교의 자유를 침해하셨습니다

기독교 수업을 꼭 들어야만 졸업할 수 있는 한 대학교에서 이에 반대하는 학생들과 학교 사이에 갈등이 있었어요. 기독교를 믿지 않는 학생도 수업을 들어야 해서 종교를 강요하는 것이라는 의견이 많았지요. 국가 인권 위원회는 학생이 원하지 않는 종교 수업을 억지로 듣게 하는 것은 종교의 자유를 침해하는 일이라고 판단했어요.

종교의 자유란, 어떤 종교를 믿을지 스스로 선택할 수 있는 권리를 말해요. 종교에 대한 생각과 믿음은 사람마다 다를 수 있어요. 그러므로 종교를 강제로 믿게 하거나, 특정 행동을 강요하는 것은 자유를 침해하는 일이지요. 종교의 자유를 침해하는 일은 세계 곳곳에서 벌어지고 있어요. 프랑스는 공공장소에서 여성들이 히잡을 착용하는 것을 법으로 금지했어요. 히잡은 이슬람교를 믿는 여성들이 종교적 신념을 표현하는 옷이기에 이슬람교를 믿는 사람들이 종교의 자유를 침해당했다며 반발했지요. 반대로 여성이 반드시 히잡을 써야 한다는 법이 있는 이란에서는 많은 여성이 개인의 자유를 침해하는 법이라며 목소리를 내고 있답니다.

교황은 대통령과 같은 건가요?

2025년 4월, 가난한 사람들을 돌보고 평화를 위해 노력했던 프란치스코 교황이 세상을 떠났어요. 그 뒤를 이어 새로운 교황으로 '레오 14세'가 뽑혔지요. 이 소식은 전 세계 사람들의 관심을 끌었고, 교황이라는 자리가 얼마나 중요한지 다시 한번 알려 주었어요.

교황은 천주교를 이끄는 지도자예요. 전 세계 수많은 천주교 신자의 마음을 하나로 모아 주는 역할을 하지요. 그 외에도 전쟁이나 가난, 환경 문제처럼 우리 모두가 관심 가져야 할 일에 대해서 목소리를 내기도 해요. 그래서 천주교 신자뿐만 아니라 전 세계 사람들에게 영향력을 끼치고 있어요.

천주교를 믿는 세례받은 남성이라면 누구나 교황이 될 수 있어요. 하지만 대부분은 '추기경'이라는 높은 직급의 성직자 중에서 뽑히지요. 투표권을 가진 추기경들이 바티칸의 시스티나 성당에 모여 뽑는데, 3분의 2 이상이 같은 사람에게 투표하면 새 교황이 정해져요. 교황은 임기가 없고, 보통 평생 자리를 지켜요. 하지만 건강이나 특별한 이유로 물러나는 경우도 있답니다.

교황 레오 14세

스포츠

게임도 스포츠예요!

2022년 항저우 아시안 게임에서 e스포츠가 정식 종목으로 채택되었어요. 컴퓨터로 승부를 겨루는 게임이 진짜 스포츠로 인정받았다는 뜻이지요. 우리나라는 네 종목에 참여하여 금메달 두 개, 은메달 한 개, 동메달 한 개를 따는 놀라운 성과를 거두었어요. '페이커'라는 활동명으로 유명한 e스포츠 선수 이상혁은 "보통 스포츠라고 하면 몸을 움직여서 활동하는 거라고 생각하는데, 그보다 더 중요한 건 경기를 하고 준비하는 과정에서 많은 사람에게 좋은 영향을 끼치는 것이라고 생각한다."라고 말했어요. e스포츠 역시 연습과 노력, 감동이 담긴 멋진 스포츠랍니다.

연계 키워드 | 올림픽 | 스포츠의 상업화

개념 잡기

스포츠는 정해진 규칙 안에서 몸을 움직이거나 머리를 써서 다른 사람과 겨루는 활동이에요. 승리를 목표로 전략을 세우고 정직하게 경쟁하는 활동이지요. 달리기나 축구처럼 땀을 흘리며 하는 스포츠도 있고, 체스나 e스포츠처럼 머리를 쓰는 스포츠도 있어요. 스포츠는 경쟁의 즐거움뿐만 아니라 규칙을 지키는 태도, 끝까지 최선을 다하는 모습을 통해 우리에게 재미와 감동을 준답니다.

개별 중립 선수(AIN)용으로 별도 제작된 깃발

이번 올림픽에는 출전할 수 없습니다!

2024년 파리 올림픽에서는 러시아 선수를 찾을 수 없었어요. 러시아는 우크라이나에 전쟁을 일으킨 나라라서 올림픽 출전을 금지당한 거예요. 러시아 선수가 올림픽에 출전하기 위해서는 러시아라는 나라 이름을 쓰지 않고 '개인 중립 선수' 자격으로 출전해야 했어요.

올림픽은 세계인의 행사예요. 국적이나 문화가 달라도 선수들은 같은 규칙 아래에서 공정하게 경쟁하고, 서로 응원하며 아름다운 장면을 만들어 내지요. 전쟁을 일으키거나, 다른 나라를 괴롭히는 것은 올림픽 정신에 어긋나요. 그래서 전쟁을 일으킨 나라는 올림픽 무대에 설 수 없는 거예요. 러시아의 올림픽 출전 금지는 스포츠가 단지 경쟁에서 이기기 위한 것이 아니라, 서로를 존중하고 함께 어울리는 소중한 활동이라는 것을 알려 주었어요.

손흥민 이적료가 368억?

해외 축구계에서 엄청난 소식이 들려왔어요. 영국 토트넘에서 10년 동안 활약한 손흥민이 미국 LAFC로 이적한 거예요. 손흥민은 미국 프로 축구 리그(MLS) 역대 최고 이적료인 2650만 달러(약 368억 원)를 받았어요. 한 선수를 데려가기 위해 스포츠 팀이 이렇게 많은 돈을 쓴다는 것은 스포츠가 돈과 깊은 관계라는 뜻이에요.

축구나 야구 같은 경기를 관람하면 선수들의 유니폼이나 경기장 곳곳에 붙어 있는 여러 기업의 로고를 볼 수 있어요. 기업들은 자신들의 로고를 유명 선수들의 유니폼에 새기면 홍보 효과가 좋을 거라고 생각해서 큰돈을 주고 광고를 하는 거지요. 이처럼 스포츠는 많은 사람이 즐기는 활동을 넘어서 큰돈이 오가는 산업이 되었어요. 이를 스포츠의 상업화라고 해요. 스포츠 팀은 경기 입장권 판매, 방송 중계권 판매, 유니폼 판매, 광고 등 다양한 방법으로 이익을 얻어요. 이렇게 번 돈으로 실력이 좋은 선수를 스카우트해서 팀의 경기력을 높인답니다.

결코 굴복하지 않는다!

2021년 도쿄 올림픽에서 독일 여자 체조 대표 팀은 팔, 다리의 노출이 많은 불편한 옷 대신 다리를 가리는 긴 유니폼을 입고 나왔어요. 2025년 미국 축구 팀 엔젤시티FC 선수들은 '이민자 도시 축구단'이라는 문구가 적힌 티셔츠를 입고 트럼프 정부의 이민자 억압 정책에 항의했지요.

이처럼 스포츠 선수들이 경기장에서 중요한 메시지를 전하는 움직임은 오래전부터 있었어요. 1968년 멕시코 올림픽에서는 미국 육상 선수 두 명이 시상대에서 검은 장갑을 낀 채 주먹을 높이 들며 인종차별에 대한 항의를 표현했어요. 이 사건 이후 국제 올림픽 위원회는 올림픽에서는 정치적인 표현을 할 수 없다는 규칙을 강조했고, 지금도 올림픽이나 월드컵 등의 국제 스포츠 대회에서는 정치적인 말이나 행동을 조심해야 해요. 하지만 선수들은 용기 있게 목소리를 내며 세상에 중요한 메시지를 전하고 있어요. 이처럼 스포츠는 평등과 정의를 외치는 무대가 되기도 한답니다.

1968년 멕시코 올림픽에서 항의하는 토미 스미스(가운데)와 존 카를로스(오른쪽)

과학 기술

주제
인공 지능·로봇 공학·메타버스·우주·생명 공학

인공 지능

마을 가까이에 숲이 있어서 더 위험하다.

고위험

고위험

인공 지능, 1분이면 산불 날지 안다!

산불 위험을 미리 알려 주는 똑똑한 인공 지능이 생겼어요. 직접 산에 가지 않아도 컴퓨터에 주소만 입력하면, 인공 지능이 바람의 세기, 지형적 특징 등을 스스로 학습하여 1분 안에 산불 위험성을 3단계로 알려 주지요. 이 인공 지능을 이용하면 산불이 날 것 같은 지역에 사람들의 출입을 막거나, 소방 인력을 미리 배치할 수 있어요. 그래서 산불이 나더라도 피해를 훨씬 줄일 수 있답니다.

 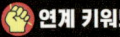   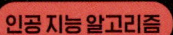 빅데이터

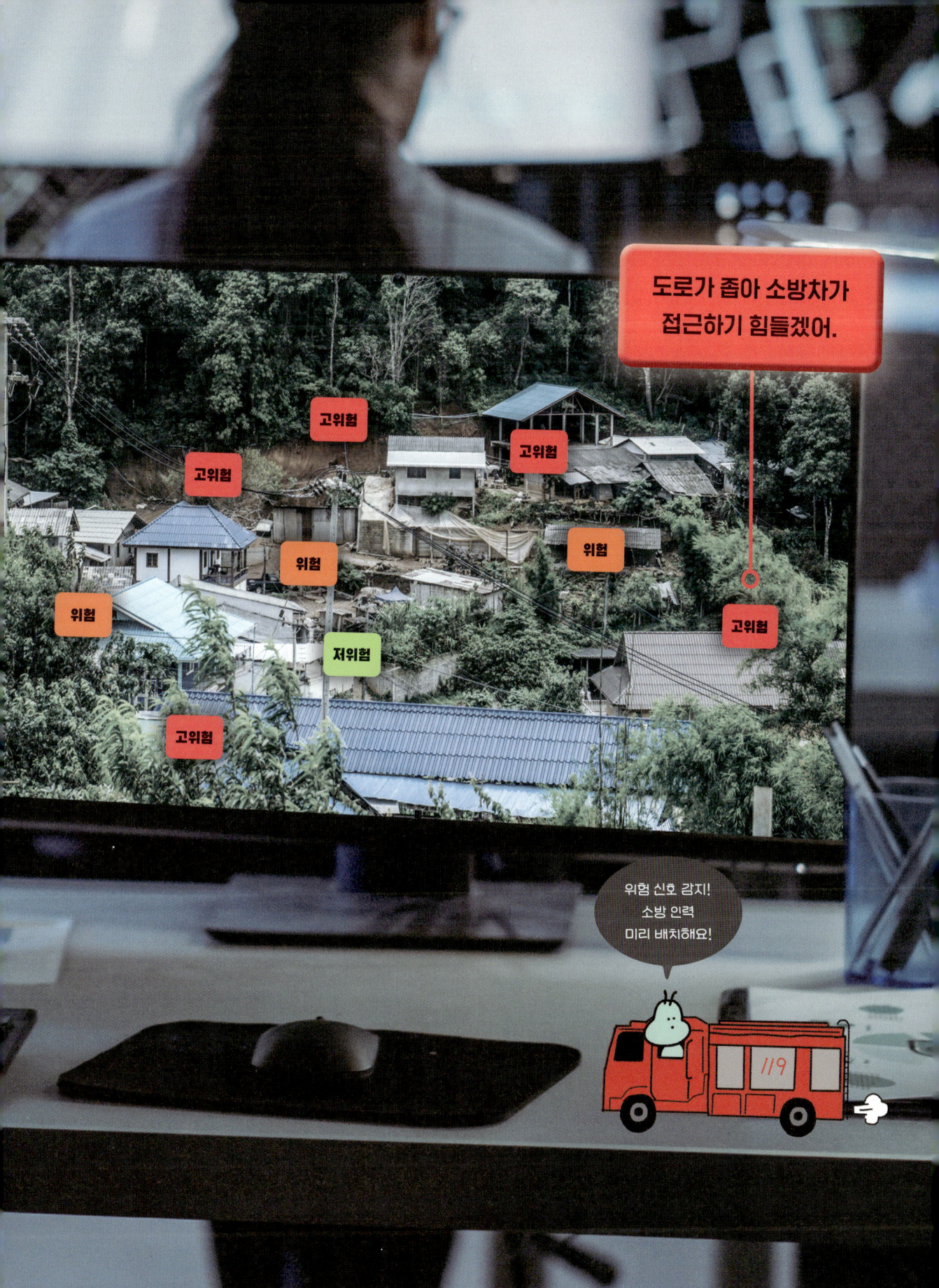

개념 잡기

인공 지능이란 컴퓨터가 사람처럼 스스로 학습하고, 추론하며 문제를 해결하는 기술을 말해요. 인공 지능으로 기계와 컴퓨터가 스스로 생각하고 판단까지 하게 되면서 우리 생활에 많은 변화를 불러오고 있어요. 이렇게 인공 지능과 정보 통신 기술이 발달하면서 사회 모든 부분에 엄청난 영향을 미치는 것을 '4차 산업 혁명'이라고 해요.

인간이여, 어려운 일은 내가 하겠습니다!

> 오늘 날씨 알려 줘.

> 오늘은 비가 오겠으며, 최저 기온은 19도, 최고 기온은 25도입니다.

인터넷이나 스마트폰에 궁금한 것을 물어보면 챗봇이 친절하게 답해 줘요. 인공 지능 기술로 만들어진 챗봇은 빠르고 정확하게 답을 해 줘서 많은 기업이 활용하고 있지요. 은행이나 보험사 같은 곳에서는 사람 대신 챗봇이 고객 상담을 맡기도 해요.

챗봇뿐만이 아니에요. 인공 지능은 우리 생활 곳곳에서 사람이 하기 어려운 일을 대신해 주고 있답니다. 화재 진압이나 전염병 치료 등 위험이 따르는 일에 인공 지능을 쓰면 안전하게 문제를 해결할 수 있어요.

하지만 사람이 하던 일을 인공 지능이 대신하게 되면서 어려움을 겪는 사람들도 있어요. 인공 지능 챗봇이 도입되어서 한 콜센터에서 수백 명의 상담원이 일자리를 잃기도 했지요. 이처럼 인공 지능은 사람에게 큰 도움을 주기도 하지만, 그에 따른 문제도 생기기 때문에 인공 지능을 현명하게 사용하려는 노력이 필요해요.

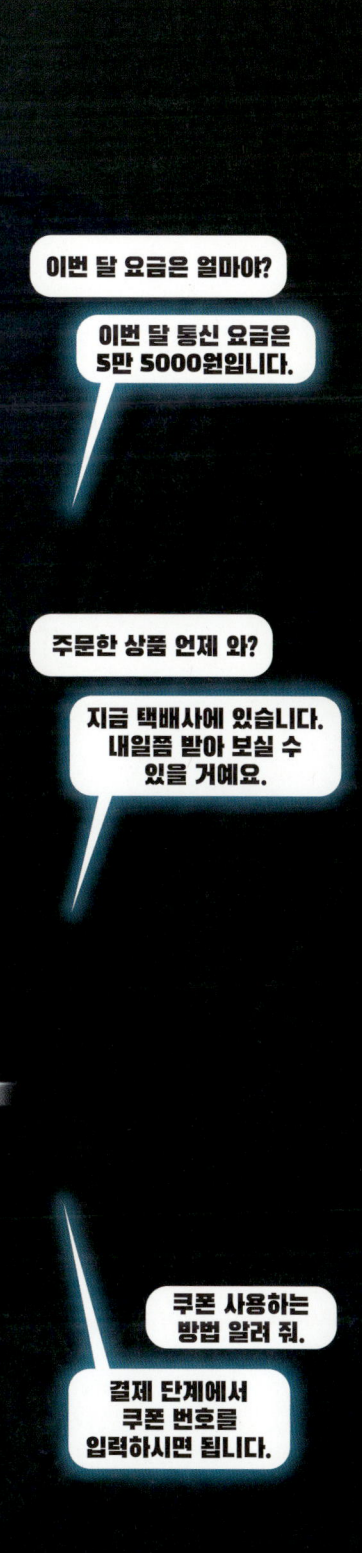

"살려 주세요!"

2024년, 중국의 한 부모가 딸이 납치된 것처럼 보이는 영상을 받았어요. 영상에서 딸은 줄에 묶인 채 울먹이며 "살려 주세요."라고 말하고 있었지요. 깜짝 놀란 부모는 곧바로 경찰에 신고했고, 조사 결과 놀라운 사실이 밝혀졌어요. 그 영상은 딥페이크 기술로 만든 가짜 영상이었던 거예요. 딸은 납치된 것이 아니라 멀쩡히 제주도에서 여행 중이었지요. 처음에는 경찰도 가짜 영상이라는 것을 알아차리지 못했어요. 영상 속 딸의 얼굴과 목소리가 실제와 똑같았거든요.

이처럼 인공 지능 기술이 발달하면서 사람 얼굴이나 목소리를 흉내 내는 것도 가능해졌어요. 사진이나 짧은 음성만 있어도 마치 진짜처럼 영상을 만들 수 있지요. 이 기술을 딥페이크라고 해요. 인공 지능이 사람 얼굴과 목소리를 학습해서 진짜와 매우 비슷한 가짜 영상을 만드는 기술이지요. 원래는 영화의 특수 효과에서만 쓰이던 얼굴 합성 기술이 딥페이크로 발전하면서 범죄에 악용되는 사례가 늘고 있어요.

납치되어 울던 딸, 알고 보니 가짜!

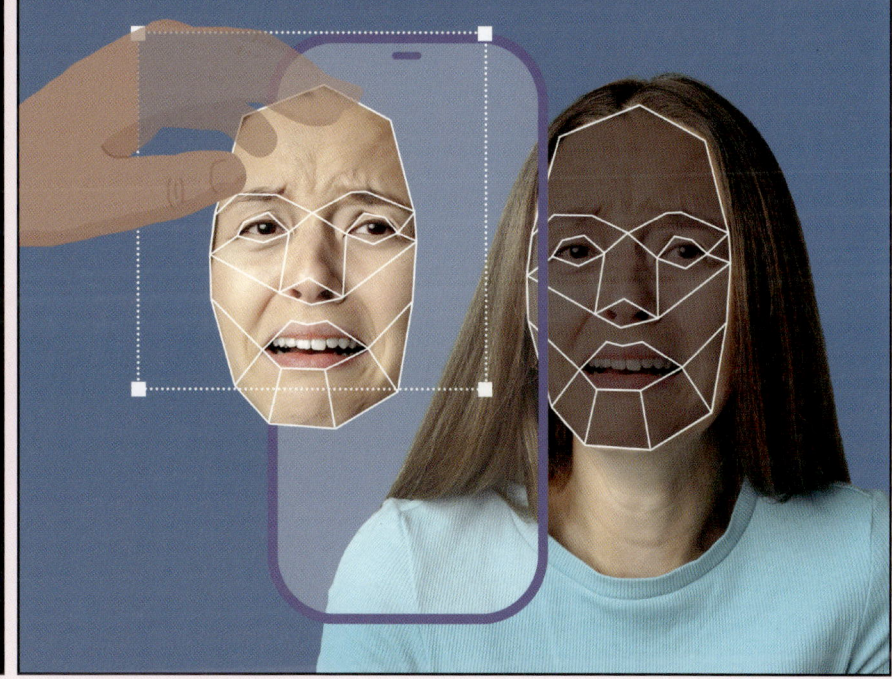

AI, 내가 원하는 것을 어떻게 알고 있지?

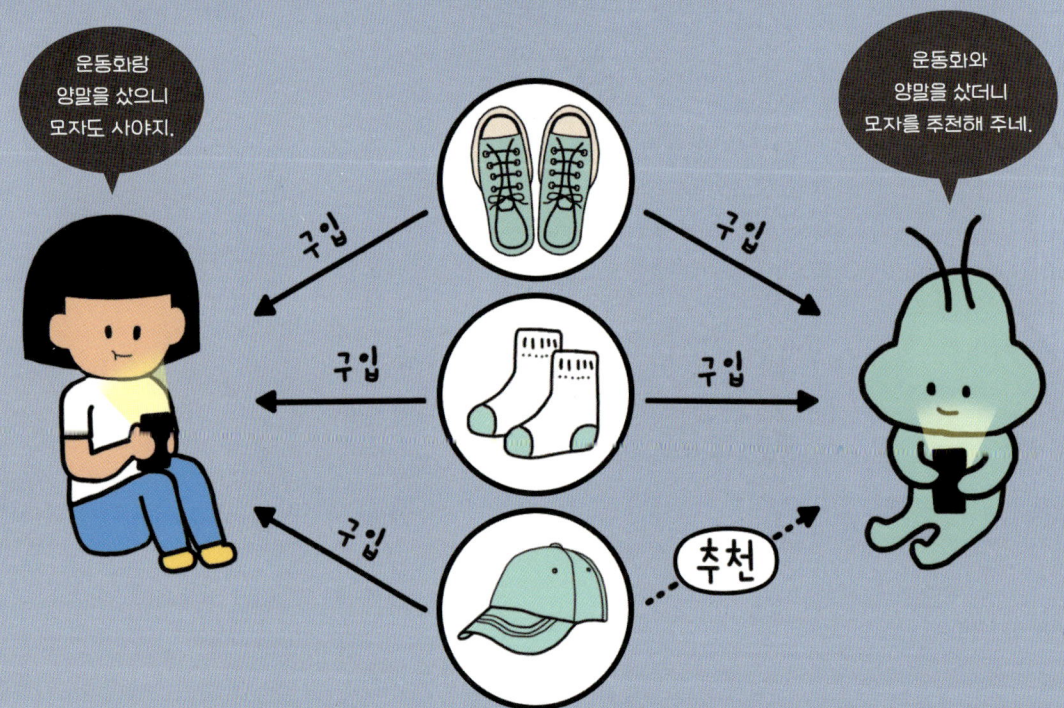

온라인 쇼핑몰에서 새 운동화를 사면 양말이 추천 상품으로 뜨고, 어떤 책을 검색하면 비슷한 책이 화면에 나오곤 해요. 유튜브 영상 한 편을 보고 나면, 비슷한 다른 영상이 자동으로 재생되지요. 이처럼 검색하지도 않았는데 필요한 것이나 좋아할 만한 것이 추천되는 것은 인공 지능 알고리즘 덕분이에요. 알고리즘은 문제를 해결하기 위한 단계적 과정을 뜻하는데, 인공 지능을 적용한 알고리즘은 여러 가지 데이터를 스스로 학습하고 예측해서 개인에게 알맞은 추천을 해 준답니다.

기업들은 사람들이 어떤 물건을 사는지, 언제 사는지, 어떤 영상을 좋아하는지 등을 오랫동안 기록해 왔어요. 그리고 많은 사람의 행동과 선택을 모아 놓은 아주 큰 자료 덩어리인 빅데이터를 만들었지요. 이 빅데이터를 인공 지능 알고리즘이 학습하고 분석해서 사람마다 좋아할 것 같은 물건이나 콘텐츠를 똑똑하게 추천해 주는 거예요.

이런 기술은 편리하게 쓰이지만 알고리즘 편향이라는 문제를 일으키기도 해요. 알고리즘이 특정한 정보만 계속 보여 주면, 생각이나 판단 능력이 한쪽으로 치우치기 쉽고, 사실이 아닌 정보를 믿게 될 수 있지요. 또 차별로 이어질 수 있어요. 그래서 우리는 알고리즘이 보여 주는 정보를 무조건 받아들이기보다, 여러 방향에서 생각하고 확인하는 습관이 필요해요.

내 마음을 유일하게 알아주는
찐친, AI?

인공 지능을 친구처럼 여기는 사람이 늘고 있어요. 인공 지능은 말을 잘 들어 주고 공감을 잘해서 외로움을 느끼는 사람에게 힘이 되기도 해요. 또한, 24시간 언제든지 대화할 수 있어 더욱 편하게 느껴지지요. 하지만 좋은 점만 있는 것은 아니에요. 인공 지능과 자주 대화하다 보면 진짜 사람과의 관계를 멀리하게 되거나, 소통 능력이 줄어들 수 있어요. 인공 지능은 무조건 공감해 주기 때문에 그렇지 않은 사람과의 관계에서 어려움을 겪는 거예요. 게다가 인공 지능은 사람이 아니기 때문에 했던 말에 대해 책임지지 않는다는 문제가 있어요. 실제로 영국에서는 인공 지능의 부추김을 받은 한 남성이 위험한 범죄를 저지르다 경찰에 붙잡히는 일도 있었어요. 인공 지능이 따뜻한 친구처럼 느껴질 수 있지만, 진짜 사람이 아니라는 점을 잊지 말아야 해요.

로봇 공학

퍼서비어런스, 일 잘 하고 있구나!

로봇, 인공 지능과 결합하다!

지구에서 수억 킬로미터나 떨어진 화성에 먼저 발을 디딘 것은 사람이 아니라 로봇이에요. 미국 항공 우주국 나사(NASA)는 '퍼서비어런스'라는 우주 탐사 로봇을 화성에 보냈어요. 퍼서비어런스는 스스로 움직이며 화성의 흙과 돌을 수집하고, 과거에 생명체가 살았던 흔적이 있는지 조사하고 있어요.

퍼서비어런스는 사람이 조종해야만 움직이는 로봇들과는 달라요. 인공 지능이 들어 있어 스스로 상황을 판단하고 움직일 수 있지요. 그뿐만 아니라 어떤 돌과 흙이 중요한지 판단하고, 정말 중요한 것만 골라 지구의 과학자에게 알려 줘요. 그 덕분에 사람들은 더 효율적으로 연구할 수 있답니다.

 연계 키워드 드론 사이보그 휴머노이드 로봇

개념 잡기

로봇은 일정한 일을 자동으로 할 수 있는 기계예요. 공장에서 물건을 조립하거나 집에서 청소하는 로봇처럼 우리 주변에서 다양한 모습으로 활약하고 있지요. 이러한 로봇이 인공 지능이나 사물 인터넷 같은 첨단 기술과 결합하면서 더 똑똑해지고 있어요. 이제 로봇은 명령을 따르기만 하는 기계가 아니라, 사람들을 도와주는 똑똑한 파트너인 거예요.

배달은 우리 드론에게 맡겨!

하늘을 날아 배달된 치킨이 섬마을 사람의 손에 쏙 들어왔어요. 그뿐 아니라 짜장면도, 피자도, 약봉지도 날아서 배달되었지요. 이처럼 요즘은 드론이 매일 같이 오가며 물건을 배달한답니다. 이전엔 육지와 연결된 다리가 없어서 배를 이용해야만 했는데 말이죠. 드론은 무선으로 조종되는 무인 항공기예요. 여수, 서산, 통영, 강화도 등의 작은 섬마을에서는 드론 덕분에 물건이 배달되는 시간이 아주 많이 줄었어요. 드론이 없을 때는 며칠씩 기다려야 했지만, 지금은 하루나 이틀 만에 물건이 도착해 섬 주민들의 생활이 훨씬 편리해졌지요. 물론 드론이 어디든 자유롭게 날기 위해서는 넘어야 할 숙제들도 있어요. 바람이 강하거나 비가 많이 오는 날에는 날기 어렵고, 많은 드론이 한꺼번에 날면 충돌 위험도 생길 수 있으니까요. 하지만 앞으로 드론이 더 발전하면 이러한 문제들이 차차 해결되고, 우리 생활은 지금보다 훨씬 편리해질 거예요.

사이보그 바퀴벌레에게 주어진 임무!

사이보그 바퀴벌레

2025년 3월, 미얀마에서 큰 지진이 일어나 많은 사람이 다치고, 수천 명이 목숨을 잃었어요. 무너진 건물 속에 갇혀 있는 사람들을 구하기 위해 구조대가 빠르게 출동했지요. 그런데 이 구조 활동에는 아주 특별한 존재가 함께했어요. 바로 '사이보그 바퀴벌레'예요. 사이보그 바퀴벌레는 바퀴벌레와 기계가 합쳐진 것을 말해요. 살아 있는 바퀴벌레의 등에 조그마한 카메라와 센서를 붙이고, 전기를 이용해 움직임을 조종할 수 있도록 했지요. 이 바퀴벌레는 마다가스카르휘파람바퀴벌레라는 종류로, 길이가 6센티미터 정도예요. 구조대원이 직접 들어갈 수 없는 좁은 틈도 쉽게 지나갈 수 있답니다. 이번 구조 활동에서 사이보그 바퀴벌레는 무너진 건물 안쪽으로 들어가 카메라와 센서로 정보를 수집해 구조대에게 보내 주었어요. 구조대는 이 정보를 바탕으로 사람이 있을 가능성이 높은 곳을 파악해 구조 활동을 더 빠르고 정확하게 할 수 있었지요. 이처럼 사이보그는 살아 있는 생명체에 기계를 더한 존재를 말해요. 로봇이 살아 있는 생명체와 만나 특별한 기술을 펼치지요. 이 기술은 앞으로도 다양한 분야에서 사람을 도와줄 거예요.

누가 누가 사람과 더 비슷할까? 치열한 휴머노이드 로봇 개발 경쟁!

사람처럼 두 다리로 걷고, 말도 하는 로봇이 영화 속 이야기가 아니라 현실이 되었어요. 공장에서 물건을 나르고, 집안일을 돕는 휴머노이드 로봇들이 하나둘씩 세상에 등장하고 있거든요. 휴머노이드 로봇은 사람과 비슷한 모습과 움직임을 보이는 로봇을 말해요. 지금 세계 곳곳에서는 휴머노이드 로봇 개발 경쟁이 뜨겁게 벌어지고 있고, 휴머노이드 로봇은 믿기 어려울 만큼 빠르게 진화하고 있어요. 그 결과 스스로 주변을 살피고 판단하면서 다양한 일을 해내고 있지요. 앞으로는 병원에서 환자를 돌보거나, 집에서 청소와 요리를 할 수 있게 될 거예요. 그런데 휴머노이드 로봇이 발전할수록 걱정되는 점이 있어요. 로봇이 사람을 대신하여 많은 일을 하게 되면 일자리를 잃는 사람이 생길 수 있다는 거예요. 또한 로봇이 사람과 똑같이 생각하고 행동하게 되었을 때 사람에게 해를 끼치지는 않을까 걱정하는 목소리도 있지요. 그렇지만 휴머노이드 로봇이 사람과 진짜 사람처럼 행동하려면 아직 더 많은 연구와 개발이 필요해요. 지금 로봇들은 한 번 충전하면 몇 시간밖에 움직이지 못하고, 복잡한 상황에서 완벽하게 대처하지 못하거든요.

휴머노이드 로봇

메타버스

음악 방송 1위 가수의 정체, 컴퓨터가 만든 아이돌이라고?

우리나라에서 가장 큰 실내 공연장 중 하나인 서울 올림픽 공원 체조 경기장(KSPO DOME)에서 플레이브의 콘서트가 열렸어요. 앨범이 일주일 만에 100만 장 넘게 판매되고, 음악 방송에서 1위를 휩쓴 인기에 힘입어서였죠. 플레이브는 가상 세계에 존재하는 버추얼 아이돌이에요. 만화 캐릭터 같지만, 사람의 움직임을 컴퓨터 캐릭터에 입히는 모션 캡쳐 기술을 적용하여 진짜 가수처럼 무대 위에서 춤추고 노래하지요. 이러한 버추얼 아이돌이 활동하는 공간이 바로 '메타버스'예요. 버추얼 아이돌은 메타버스 안에서 콘서트를 열고, 팬 미팅을 하기도 한답니다.

 연계 키워드 VR(가상 현실) AR(증강 현실) 아바타

개념잡기 메타버스는 가상 세계를 뜻하는 말로, 컴퓨터나 스마트폰 등을 통해 들어갈 수 있는 디지털 세상이에요. 그 안에서 자신의 캐릭터를 만들어 자유롭게 활동할 수 있지요. 가상 현실과 증강 현실 기술이 발전하면서 탄생한 메타버스에서는 공부, 일, 공연, 전시 등 다양한 활동을 할 수 있어요. 메타버스는 점점 우리 생활 속 또 하나의 세계로 자리 잡아 가고 있답니다.

방구석에서 세계 여행!

노르웨이 하늘에 펼쳐지는 신비로운 오로라, 멕시코 바닷속을 유유히 헤엄치는 거대한 백상아리… 직접 가지 않아도 집에서 이런 놀라운 장면을 볼 수 있어요. 바로 가상으로 만든 공간을 실제처럼 체험하게 해 주는 VR [가상 현실] 기술 덕분이에요. VR 기기를 쓰면 가상 세계에 들어가서 온갖 것들을 보고 들으며 활동할 수 있어요.

VR 기술은 여행, 교육, 군사 훈련, 의료, 심리 치료 등 다양한 곳에서 쓰이고 있어요. 고소 공포증이 있는 사람은 VR로 높은 곳을 체험하면서 조금씩 두려움을 이겨 낼 수 있고, 물을 무서워하는 사람은 스노클링을 해 볼 수 있어요. 군인들은 가상의 전투 환경에서 훈련을 받고, 의사들은 수술 연습을 하기도 해요. 이런 훈련은 실제처럼 생생하지만 훨씬 안전하답니다. 앞으로는 후각, 촉각, 미각까지 느낄 수 있는 VR 기술도 나올 예정이라고 해요.

입어 보지 않아도 어울리는지 알 수 있어!

머리 모양을 바꾸거나 옷을 사기 전에 잘 어울리는지 미리 화면을 통해 확인할 수 있게 도와주는 기술이 있어요. 바로 AR(증강 현실)이에요. AR 기술은 우리가 보고 있는 현실에 컴퓨터로 만든 그림이나 글자, 정보를 겹쳐서 보여 줘요. 현실을 그대로 두면서 정보를 더해 주는 방식이라서 더 풍부하게 세상을 볼 수 있게 도와주지요. AR은 VR과는 달라요. VR은 가상으로 만들어진 세상에 들어가서 활동하는 것이지만, AR은 현실에 가상의 요소를 덧붙이는 기술이어서 현실과 연결된 상태로 정보를 체험할 수 있어요.

AR은 일상생활에서 다양하게 쓰이고 있어요. 스마트폰으로 방을 비추면 화면 속의 가구나 물건을 실제처럼 배치해 볼 수 있고, 화면 속 자신의 얼굴로 다양한 머리 모양을 체험해 볼 수 있어요. 지도 앱에서는 화면 위에 길 안내 화살표를 겹쳐 보여 주어 길을 쉽게 찾을 수 있게 도와주지요. 뭔가를 시도해 보기 전에 결과를 알 수 있어서 실패할 확률을 줄여 주는 똑똑한 기술이랍니다.

나를 대신해 내 아바타가 출동한다!

요즘 어린이들 사이에서 '로블록스'가 인기예요. 집 앞 놀이터 대신 로블록스라는 가상 놀이터에서 놀이공원에 가거나 해적이 되어 모험을 떠나는 아이들이 많아요. 이런 활동이 가능한 이유는 로블록스가 메타버스 플랫폼이기 때문이에요.

메타버스에서는 나를 대신해 활동하는 캐릭터가 있는데, 이 캐릭터를 아바타라고 불러요. 아바타가 꼭 실제의 나를 닮을 필요는 없어요. 각자 되고 싶은 모습으로 아바타를 자유롭게 꾸민 뒤 메타버스에서 친구를 만나거나 게임을 즐기면 되지요.

이렇게 메타버스에서 놀다 보면, 폭력적인 상황을 맞닥뜨리기도 해요. 하지만 나쁜 짓을 한 사람을 처벌하기 어려운 경우가 많지요. 그러므로 모르는 사람에게 개인 정보를 절대 알려 주면 안 되고, 불쾌한 행동을 하는 사람이 있다면 꼭 부모님이나 선생님 같은 보호자에게 이야기해야 해요. 또 하나의 세상인 메타버스에서도 현실에서처럼 지켜야 할 규칙이 있기에 어린이는 보호자와 함께 사용 규칙을 정하고 잘 지켜야 해요.

우주

전 세계의 달 탐사 경쟁

세계 여러 나라가 달에 기지를 짓는 꿈을 갖고 달 탐사에 뛰어들고 있어요. 달에 지어질 기지는 우주 자원을 캐거나, 더 멀리 있는 화성 탐사의 발판이 될 수 있어요.

우선 미국은 달 남극에 우주인을 착륙시키고 기지를 세우기 위한 '아르테미스 계획'을 추진 중이에요. 중국도 만만치 않아요. '창어'라는 이름의 탐사선을 잇달아 보내며 달 탐사에 속도를 내고 있어요. 2024년에는 창어 6호가 세계 최초로 달 뒷면의 샘플을 채취해 지구로 돌아오기도 했지요. 일본, 러시아, 인도 같은 나라들도 달을 향한 뜨거운 경쟁에 참여했어요. 우리나라도 마찬가지예요. 2022년, 달 궤도선인 다누리호가 달을 향해 힘차게 날아올랐고, 지금도 달 주위를 돌며 소중한 정보를 모으고 있답니다.

연계 키워드 · 제임스웹 우주 망원경 · 우주인 · 달 · 소행성 · 우주 쓰레기

개념 잡기

우주는 지구 대기 너머에 있는 미지의 공간이에요. 세계 곳곳에서 우주에 관한 연구가 활발하게 진행 중이죠. 망원경으로 다른 행성을 관찰하고, 인공위성을 쏘아 올리고, 우주선을 보내는 등 다양한 활동을 펼쳐요. 다른 행성에 있는 자원을 활용할 수 있는지, 더 나아가 사람들이 살 수 있는 곳이 있는지 알아보려는 거예요. 그 과정에서 발달한 기술은 우리 생활을 더욱 편리하게 만들어 주었어요. 우주에 있는 인공위성이 보내는 신호를 받아 길을 잘 찾게 도와주는 GPS가 대표적인 예랍니다.

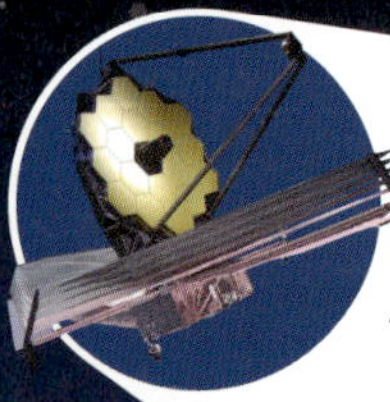

제임스웹 우주 망원경의 외계 생명체 찾기!

제임스웹 우주 망원경이 찍은 카리나성운의 우주 절벽

오래전부터 사람들은 밤하늘을 바라보며 우주 어딘가에 다른 생명체가 있는지 알고 싶어 했어요. 과학자들은 생명체가 살고 있을지 모를 행성을 찾기 위한 연구를 이어 가고 있지요. 이런 노력의 중심에는 제임스웹 우주 망원경이 있어요. 2021년에 발사된 제임스웹 우주 망원경은 지구에서 아주 멀리 떨어진 우주 공간에서 수많은 별과 외계 행성들을 관찰하고 있답니다.

2022년, 제임스웹 우주 망원경은 한 외계 행성에서 수증기를 찾아냈어요. 수증기가 있다는 것은 생명체가 살 수 있는 중요한 조건 중 하나인 물이 있다는 뜻이에요. 과학자들은 이것을 바탕으로 그 행성에 생명체가 살고 있을 가능성이나 예전에 살았던 흔적이 있는지 연구하고 있어요. 이 소식이 알려지자, 사람들은 제임스웹 우주 망원경이 머지않아 외계 생명체를 찾아낼지도 모른다는 기대를 품게 되었답니다.

깜짝 9개월 우주여행

2024년 6월, 두 명의 우주인이 우주로 향했어요. 미국 우주 항공 기업 보잉이 개발한 우주선 스타라이너가 처음으로 사람을 태우고 시험 비행을 떠난 거예요. 처음 계획은 8일 동안 국제 우주 정거장에 머물며 우주선의 기능을 점검하고 지구로 돌아오는 것이었어요. 하지만 예상치 못한 일이 벌어졌어요. 국제 우주 정거장에 내리면서 우주선을 움직이는 장치가 고장 나고, 헬륨 가스가 새는 등의 문제가 생긴 거예요. 고장 난 우주선을 타고 지구로 돌아가는 것은 위험했기 때문에 두 우주인은 일정을 미루고 국제 우주 정거장에 더 머물게 되었어요. 8일 동안의 짧은 시험 비행이 순식간에 몇 개월짜리 우주 생활로 바뀌게 된 거예요. 처음에는 언제 지구로 돌아갈 수 있을지도 몰랐지만, 두 사람은 당황하지 않았어요. 매일 운동하며 건강을 유지하고, 다른 우주인들과 함께 다양한 임무를 수행했어요. 우주의 환경을 관찰하고 자료를 모으며, 국제 우주 정거장에서의 시간을 소중히 보냈지요. 마침내 두 우주인은 2025년 3월, 또 다른 미국 우주 항공 기업인 스페이스X가 보낸 우주선을 타고 약 9개월 만에 지구로 무사히 돌아왔답니다.

국제 우주 정거장에서의 우주인

금 캐러 우주로 간다!

우주에는 귀한 자원들이 가득 숨겨진 우주 보물섬이 있다고 해요. 특히 달과 소행성에는 금, 백금, 니켈 같은 값비싼 광물 자원이 있을 가능성이 크다고 하지요. 그래서 여러 나라와 민간 우주 기업들은 이 자원을 찾기 위해 우주로 우주선을 보내고 있어요.

그중 가장 주목받고 있는 곳은 달이에요. 달은 다른 소행성에 비해 지구와 가까워서 우주 탐사에 드는 시간과 돈을 아낄 수 있거든요. 달에는 '헬륨-3'라는 놀라운 에너지 자원이 있다고 해요. 이 자원은 1그램으로 석탄 40톤과 맞먹는 에너지를 만들 수 있는 데다가 공해도 적어서 꿈의 에너지라고 불린답니다. 그래서 헬륨-3을 먼저 채굴하는 나라가 미래 에너지 경쟁에서 앞설 거라고 예상돼요. 화성과 목성 사이에 있는 프시케라는 소행성에도 엄청난 양의 철과 니켈, 금 같은 광물이 묻혀 있어요. 그래서 미국 항공 우주국 나사는 세계에서 처음으로 프시케를 탐사하기 위한 우주선을 발사했지요.

과학자들은 우주에 있는 자원들을 어떻게 안전하고 효과적으로 캐낼 수 있을지 열심히 연구하고 있어요. 지구의 자원이 점점 부족해지는 요즘, 우주는 인류의 미래를 위한 새로운 기회의 땅이 되고 있답니다.

지구로 우주 쓰레기가 떨어진다!

미국에서는 하늘에 금속 조각이 떨어져 집 지붕을 뚫고 들어가는 일이 있었어요. 케냐의 한 마을에는 무게 500킬로그램이나 되는 금속 덩어리가 떨어졌지요. 이 물체들은 우주에서 떨어진 우주 쓰레기예요. 우주 쓰레기는 임무를 마친 인공위성이나 부서진 로켓 조각 등을 말하는데, 지금도 수없이 많은 우주 쓰레기가 지구 주변을 떠다니고 있어요. 우주로 쏘는 발사체가 많아지면서 우주 쓰레기는 점점 더 늘고 있지요.

우주 쓰레기는 멈춰 있는 것이 아니라 아주 빠른 속도로 지구 주위를 돌고 있어요. 시속 2만 7000킬로미터가 넘는 속도로 움직이는데, 총알보다 일곱 배 넘게 빠른 거라고 해요. 이렇게 수없이 많은 파편이 빠른 속도로 움직이다가 서로 부딪히기도 하는데, 충돌이 일어나면 더 많은 우주 쓰레기가 만들어져요. 인공위성과 부딪히면 인공위성을 망가뜨릴 정도로 위협적이지요. 또, 중력 때문에 지구로 다시 돌아오는 것들도 있어요. 유럽 우주국의 보고서에 따르면, 매년 하루 평균 세 개가 넘는 우주 쓰레기가 지구로 다시 돌아왔다고 해요. 대부분은 대기권을 통과하면서 불에 타 사라지지만, 일부는 땅에 떨어져 사고로 이어지기도 했어요. 이런 위험성 때문에 여러 나라가 우주 쓰레기를 줄이기 위한 방법을 함께 연구하고 있어요.

1㎝ 이상 우주 쓰레기 약 120만 개

10㎝ 이상 우주 쓰레기 약 5만 4000개

생명 공학

머리뼈를 인쇄합니다!

전쟁 중에 일어난 폭발 사고로 우크라이나 병사가 머리뼈 절반이 깨지는 부상을 당했어요. 일반적인 방법으로는 치료가 어려운 큰 부상이었지요. 머리에 딱 맞는 인공 뼈를 어렵게 구한 덕분에 병사는 수술할 수 있었고, 건강을 되찾아 다시 일상으로 돌아갔답니다. 우크라이나 병사에게 이식된 인공 머리뼈는 3D 바이오 프린팅 기술로 만들어졌어요. 3D 바이오 프린팅은 사람 몸에 있는 세포나 세포가 잘 자라도록 돕는 재료를 프린터의 잉크처럼 써서 피부나 뼈 같은 인체 조직을 원하는 형태로 만드는 기술이에요.

👊 연계 키워드 유전자 편집 기술 유전자 가위 GMO

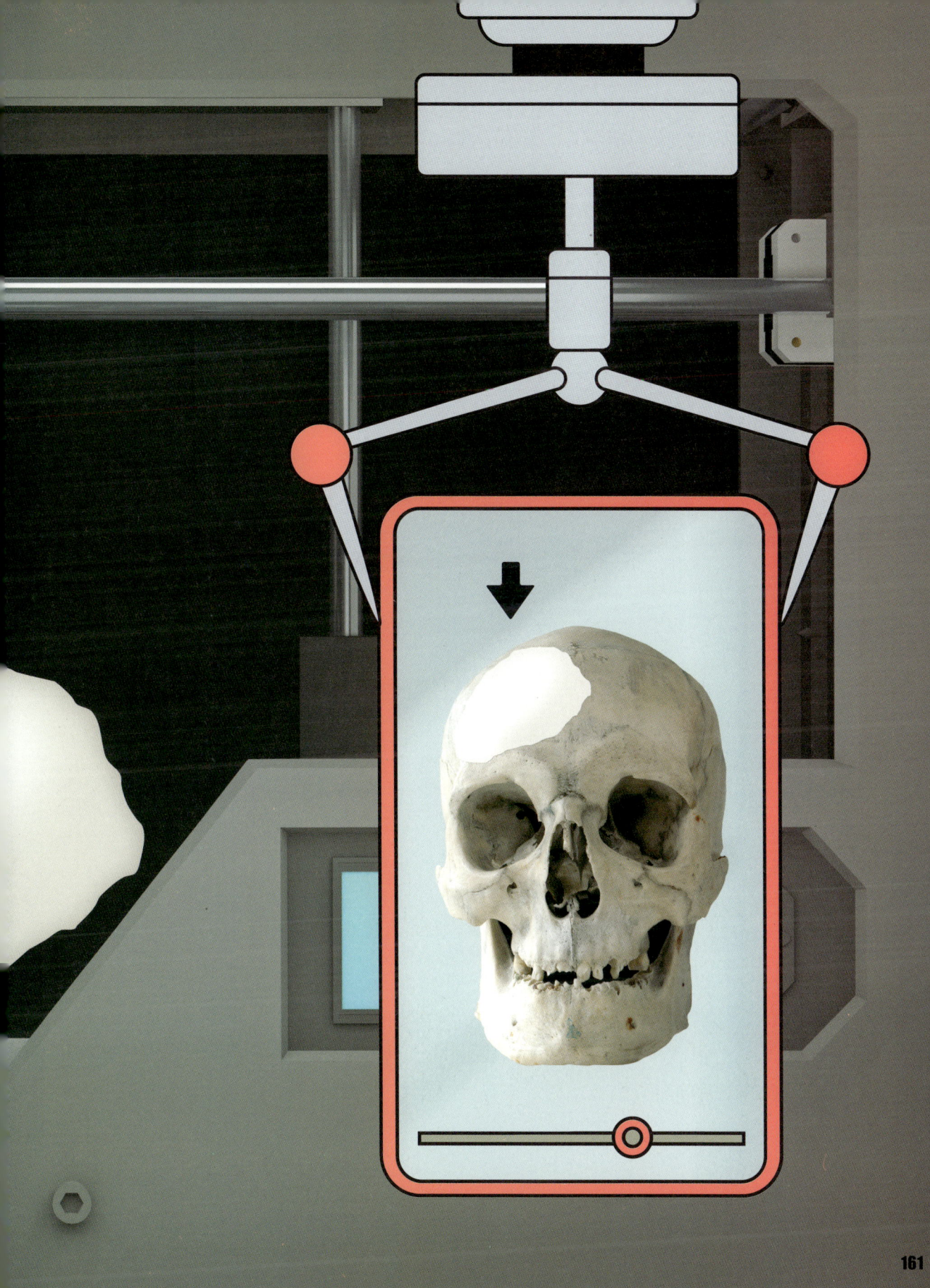

개념잡기 생명 공학은 생물의 활동을 조작해서 우리 생활에 도움이 되도록 만드는 과학 기술을 뜻해요. 유전자를 재조합하여 백신 또는 치료제를 만드는 것, 유전자를 변형한 작물을 만들어 생산량을 늘리는 것, 옥수수나 사탕수수로 바이오 연료를 만드는 것처럼 다양한 분야에서 쓰이며 우리 삶을 더욱 편하게 만들어 주고 있어요.

1만 년 전 멸종된 늑대의 부활?

DNA

아주 오래전, 북아메리카를 누비던 다이어울프라는 늑대가 있었어요. 몸집이 크고 강한 턱을 가진 이 늑대는 1만 년 전쯤 멸종했지요. 그런데 다이어울프의 특징을 가진 늑대 세 마리가 태어났어요. 유전자를 잘라서 바꾸거나 고쳐서 생물을 원하는 모습으로 만드는 유전자 편집 기술을 활용한 거예요.

다이어울프 화석에서 DNA를 추출한 뒤 다이어울프와 가장 비슷한 것으로 여겨지는 회색늑대의 DNA와 비교했어요. 그러고 나서 회색늑대 유전자의 일부를 다이어울프와 비슷하게 편집했고, 그것을 대리모인 암컷 개에게 이식하여 다이어울프의 모습을 한 늑대들을 탄생시켰지요.

유전자 편집 기술은 멸종된 동물을 다시 살려 내고, 자연의 균형을 되찾는 데 도움이 될 수 있어요. 하지만 복원된 동물이 원래 동물과 완전히 똑같지 않을 수 있고, 자연에 어떤 영향을 줄지 아직은 잘 알 수 없지요. 그래서 지금은 더 많은 연구와 조심스러운 논의가 함께 이루어지고 있어요.

유전자 가위로 싹둑!
희귀병을 치료하다

미국에 사는 한 아기는 태어날 때부터 몸속에 독이 쌓이는 희귀한 병을 가지고 있었어요. 뇌에 손상을 입혀 태어난 지 며칠 안에 생명이 위험해질 수 있는 아주 무서운 병이에요. 하지만 과학자들이 유전자 가위 기술을 사용해 아기의 잘못된 유전자를 고쳐 주었고, 아기는 건강을 되찾을 수 있었어요.

크리스퍼 유전자 가위라고 불리는 유전자 가위는 유전자 안에서 잘못된 부분을 찾아내 가위처럼 자르거나 고쳐 주는 기술이에요. 하지만 이 기술이 항상 좋은 일에만 쓰이는 것은 아니에요. 몇 년 전 중국에서는 유전자를 바꿔 만든 '맞춤형 아기(Designer Baby)'에 대한 실험이 있었어요. 태어나기 전에 유전자를 조절해 원하는 특징을 가진 아기로 만들려는 것이었지요. 질병에 강한 아이를 만들겠다는 이유였지만, 윤리 규칙을 지키지 않고 몰래 진행된 실험이라서 전 세계 과학자들이 크게 비판했답니다.

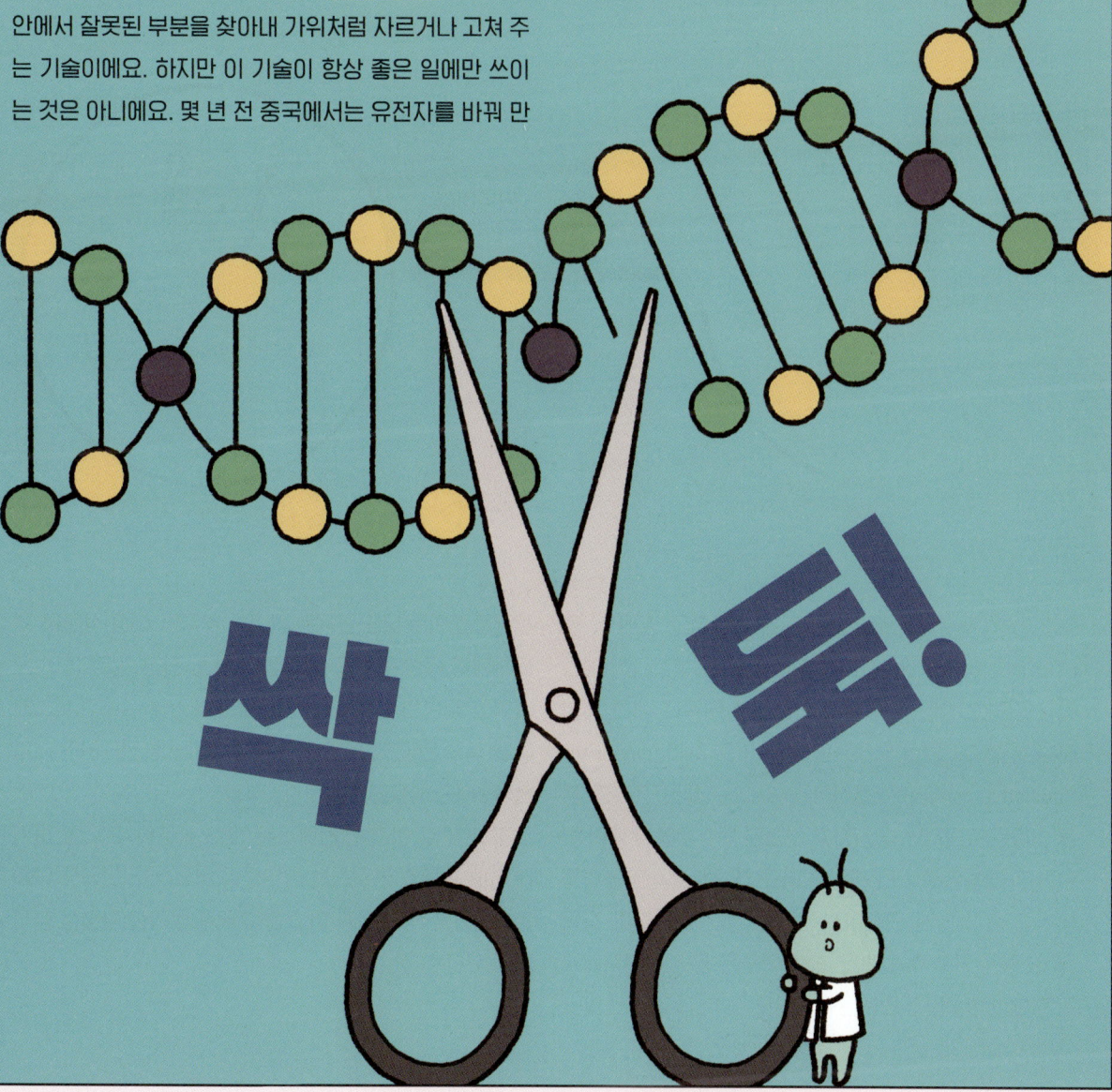

싹 둑!

"그거 먹으면 큰일 난대." GMO 공포! 진실일까?

GMO 옥수수가 만들어지는 과정

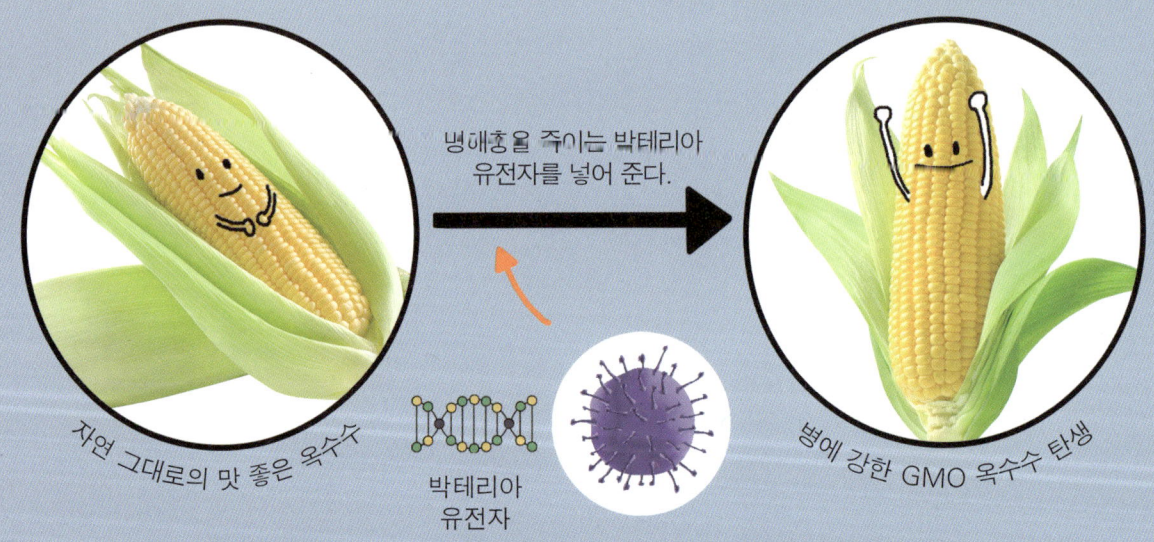

자연 그대로의 맛 좋은 옥수수 → 냉해충을 죽이는 박테리아 유전자를 넣어 준다. → 박테리아 유전자 → 병에 강한 GMO 옥수수 탄생

밭에서 자라는 작물 중에는 유난히 튼튼하고 병에 잘 걸리지 않는 것들이 있어요. 해충에 강하고, 독한 농약에도 잘 견디지요. 이런 작물들은 자연에서 저절로 생긴 것이 아니라, 과학자들이 유전자를 바꿔 만든 GMO(Genetically Modified Organism) 식물이에요. GMO는 '유전자 변형 생물'이라는 뜻이지요. 유전자가 변형된 옥수수를 해충이 먹으면 그 해충은 죽거나 해를 입어요. 또 콩은 독한 농약을 뿌려도 죽지 않게 만들어졌지요. 그래서 농부들이 작물을 더 쉽게 기를 수 있어요. GMO 기술은 당뇨병 환자에게 꼭 필요한 인슐린을 만드는 데 쓰이기도 하고, 감자의 발암 물질을 줄이는 데도 활용된답니다. 하지만 GMO 식물을 재배하면서 독한 농약을 너무 많이 쓰게 되면, 땅과 물이 오염되고 주변의 곤충이나 동물에게 해가 될 수 있어요. 해충을 죽게 만들고, 독한 농약에도 살아남을 정도라면 사람의 몸에도 해로울 것이라고 걱정하는 사람들도 많지요. 그래서 세계 여러 나라에서는 GMO 식품에 표시를 하거나 아예 재배를 금지하는 경우도 있어요. 우리나라도 GMO 표시를 아주 엄격하게 하고 GMO 식품에 대한 안전성 검사를 철저히 한답니다.

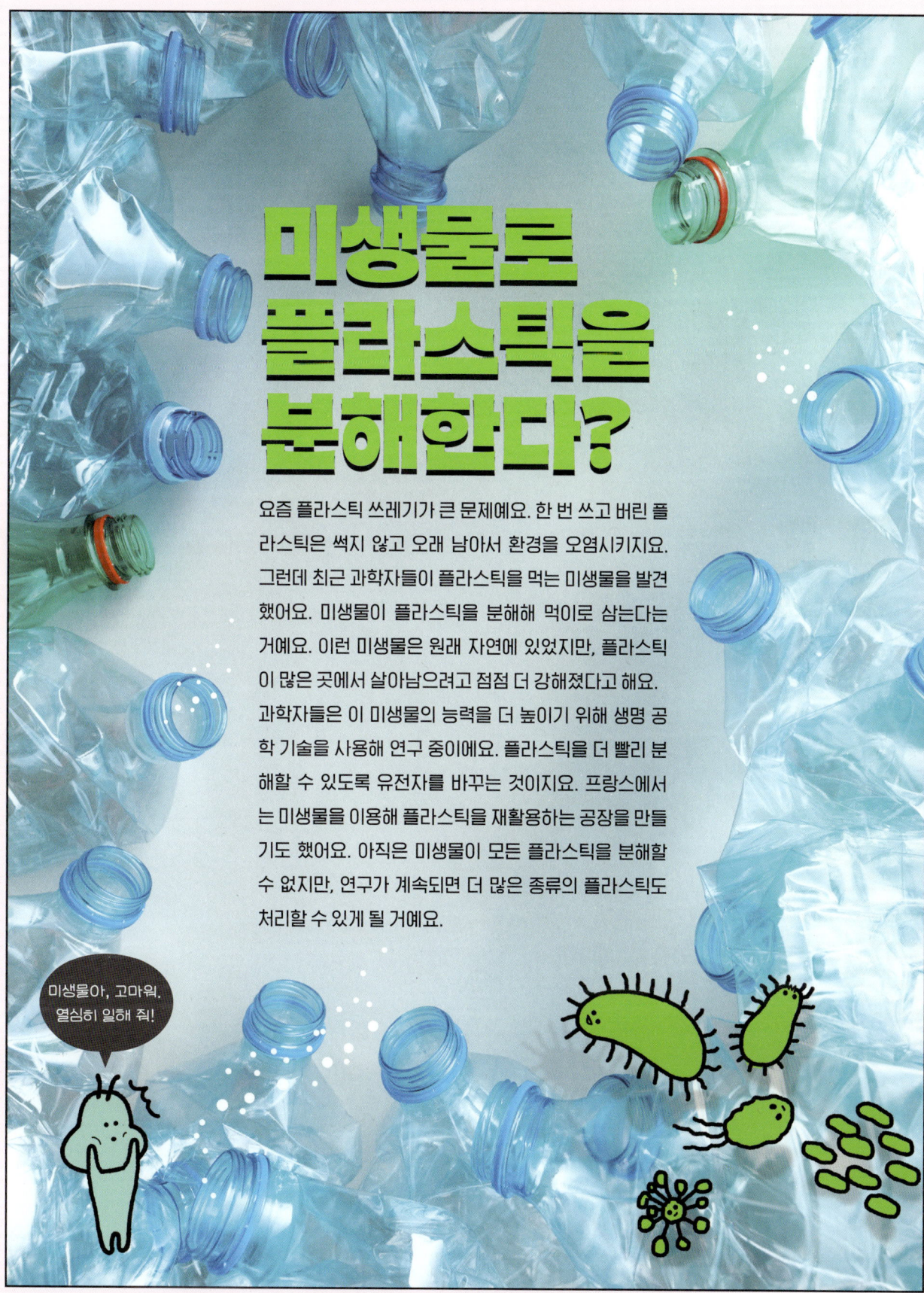

미생물로 플라스틱을 분해한다?

요즘 플라스틱 쓰레기가 큰 문제예요. 한 번 쓰고 버린 플라스틱은 썩지 않고 오래 남아서 환경을 오염시키지요. 그런데 최근 과학자들이 플라스틱을 먹는 미생물을 발견했어요. 미생물이 플라스틱을 분해해 먹이로 삼는다는 거예요. 이런 미생물은 원래 자연에 있었지만, 플라스틱이 많은 곳에서 살아남으려고 점점 더 강해졌다고 해요. 과학자들은 이 미생물의 능력을 더 높이기 위해 생명 공학 기술을 사용해 연구 중이에요. 플라스틱을 더 빨리 분해할 수 있도록 유전자를 바꾸는 것이지요. 프랑스에서는 미생물을 이용해 플라스틱을 재활용하는 공장을 만들기도 했어요. 아직은 미생물이 모든 플라스틱을 분해할 수 없지만, 연구가 계속되면 더 많은 종류의 플라스틱도 처리할 수 있게 될 거예요.

미생물아, 고마워. 열심히 일해 줘!

교과 연계

※ 2022 개정 교과 과정을 반영했습니다.
※ 5, 6학년 국어 교과는 2022 개정 교과 과정 목차가 공개되지 않아 제외하고 정리했습니다.

3학년 1학기	교과	단원	내용	쪽
	국어	4. 중요한 내용을 찾아요	[문화] 대중문화	116
		6. 자신 있게 읽고 써요	[라이프] 식생활	92
	사회	1. 우리가 사는 곳	[사회] 수도권 집중	48
		2. 일상에서 만나는 과거	[문화] 전통문화	124

3학년 2학기	교과	단원	내용	쪽
	국어	3. 정확하게 글을 써요	[문화] 예술	120
	과학	2. 지구와 바다	[환경] 해수면 상승	24
	사회	1. 사회 변화와 다양한 문화	[사회] 가족	40
			[사회] 저출생	44
			[라이프] 반려동물	110
		2. 옛날과 오늘날의 생활 모습	[사회] 정보 격차	60
			[라이프] 여행	106

4학년 1학기	교과	단원	내용	쪽
	국어	2. 서로 다른 의견	[문화] 스포츠	134
		5. 말과 글로 전하는 생각	[환경] 쓰레기	12
	과학	4. 다양한 생물과 우리 생활	[환경] 생물 다양성	28
			[과학 기술] 생명 공학	160
	사회	2. 우리 지역의 국가유산	[문화] 전통문화	124
		3. 경제활동과 지역 간 교류	[경제] 희소성	66
			[경제] 물가	70
			[라이프] 여행	106

4학년 2학기	교과	단원	내용	쪽
	국어	3. 의견을 모아서	[라이프] 마음 건강	100
		4. 책 속의 길을 따라	[과학 기술] 메타버스	150

	교과	단원	내용	쪽
	과학	1. 밤하늘 관찰	[과학 기술] 우주	154
		2. 생물과 환경	[환경] 생물 다양성	28
		4. 기후변화와 우리 생활	[환경] 폭염	18
			[환경] 탄소 중립	34
	사회	2. 지역문제를 해결하고 지역을 알리는 노력	[라이프] 여행	106
		3. 다양한 환경과 삶의 모습	[환경] 해수면 상승	24
			[사회] 저출생	44
			[사회] 수도권 집중	48
			[사회] 정보 격차	60

	교과	단원	내용	쪽
5학년 1학기	과학	4. 우리 몸의 구조와 기능	[라이프] 신체 건강	96
	사회	2. 우리나라 지리 탐구	[환경] 폭염	18
			[사회] 수도권 집중	48
		3. 법과 인권의 보장	[사회] 인권	54
			[문화] 종교	130

	교과	단원	내용	쪽
5학년 2학기	과학	4. 자원과 에너지	[환경] 탄소 중립	34
	사회	2. 유적과 유물로 살펴본 옛사람들의 생활	[문화] 전통문화	124

	교과	단원	내용	쪽
6학년 1학기	사회	2. 민주주의와 시민 참여	[과학 기술] 인공 지능	140

	교과	단원	내용	쪽
6학년 2학기	과학	4. 과학과 나의 진로	[과학 기술] 인공 지능	140
			[과학 기술] 로봇 공학	146
			[과학 기술] 우주	154
			[과학 기술] 생명 공학	160
	사회	1. 세계의 자연환경	[환경] 해수면 상승	24
		2. 시장경제와 국가 간 거래	[경제] 세금	80
			[경제] 무역	86
		3. 지구촌 사람들	[환경] 생물 다양성	28
			[환경] 탄소 중립	34
			[과학 기술] 인공 지능	140

이미지 및 영상 출처

※출처가 표기되지 않은 이미지는 직접 구현한 이미지입니다.

● 환경
[12~13쪽] 헌 옷 쓰레기 산, 옷(Shutterstock), 영상(MBC) [16쪽] 에코백, 텀블러(Shutterstock) [21쪽] 플리 마켓(Wikipedia), 분리배출 통, 음식물 비료(Shutterstock) [10~10쪽] 도시 거리, 달걀 후라이, 아이스크림콘(Shutterstock), 영상(연합뉴스TV) [22쪽] 토마토, 햄버거(Shutterstock) [23쪽] 쿨링 포그, 그늘막, 바닥 분수, 양산, 휴대용 선풍기(Shutterstock) [24~25쪽] 남극 대륙(Wikipedia), 영상(연합뉴스TV) [26쪽] 해운대, 바다(Shutterstock) [27쪽] 유령 숲(Wikipedia ⓒNC Wetlands), 바다(Shutterstock) [28~29쪽] 도로(Shutterstock), 영상(SBS) [30쪽] 도도새(Shutterstock) [31쪽] 도도새 뼈(Shutterstock) [32쪽] 죽은 산호초(Wikipedia) [33쪽] 선크림(Shutterstock) [34~35쪽] 채식 식단, 오룬기, 에펠탑(Shutterstock), 영상(SBS) [37쪽] 태양 전지판, 풍력 발전기, 전기 차, 숲(Shutterstock)

● 사회
[40~41쪽] 영상(KBS) [43쪽] 수박, 컵 과일, 대형 텔레비전(Shutterstock), 이동식 텔레비전(flickr) [44~45쪽] 개모차(Shutterstock), 영상(MBC) [46쪽] 여자 아이, 노인 유치원, 로봇 기계(Shutterstock) [47쪽] 아기 용품(Shutterstock) [48~49쪽] 아이패드로 그림 그리는 사람(Shutterstock), 영상(KBS) [51쪽] 붐비는 지하철 승강장, 교통 체증, 빌딩 숲(Shutterstock) [54~55쪽] 유엔 아동 권리 협약(유니세프), 핸드폰 속 아기(Shutterstock), 영상(MBC) [59쪽] 주방(Shutterstock) [60~61쪽] 할머니와 키오스크(Shutterstock), 영상(SBS) [62쪽] 스마트폰, 2G폰, 태블릿 쓰는 아이(Shutterstock) [63쪽] 스마트폰 쓰는 두 명의 사람(Shutterstock)

● 경제
[66~67쪽] 해리포터 초판본(연합뉴스), 책 뽑는 사람(Shutterstock), 영상(SBS) [69쪽] 크리스마스 장난감, 두바이 초콜릿, 런던 여행 기념품(Shutterstock) [70~71쪽] 골드바, 콩알만 한 금(Shutterstock), 영상(연합뉴스TV) [72~73쪽] 아이스크림콘, 짜장면, 라면(Shutterstock) [75쪽] 탱크, 가뭄, 지도(Shutterstock) [76~77쪽] 꽃다발(Shutterstock), 영상(KBS) [78쪽] 크록스(Wikipedia) [79쪽] 감자칩(Shutterstock) [80~81쪽] 제주도(Shutterstock), 영상(SBS) [84쪽] 소, 콜라, 외국 회사 로고(Shutterstock) [86~87쪽] 라면(Shutterstock), 영상(SBS) [88쪽] 바나나(Shutterstock) [89쪽] 공정 무역 마크(Shutterstock)

● 라이프
[92~93쪽] 햄버거 먹는 아이, 여드름, 다크서클, 감자칩, 콜라(Shutterstock), 영상(KBS, Dailymail) [94쪽] 저속 노화 식단(Shutterstock) [95쪽] 설탕 숟가락, 캔, 과일과 채소(Shutterstock) [96~97쪽] 비만 치료제 맞는 사람(Shutterstock), 영상(연합뉴스TV) [98쪽] 비만인 사람(Shutterstock), 스몸비(flickr) [99쪽] 달리기하는 사람, 웨어러블 기기(Shutterstock) [100~101쪽] 멍 때리기 대회(연합뉴스), 영상(연합뉴스TV) [103쪽] 스마트폰 보는 아이, 팝콘(Shutterstock) [104~105쪽] 쌓여 있는 돌, 책, 디지털 디톡스, 잠자는 아이(Shutterstock) [106~107쪽] 대전 동구 마을 빵집 지도((주)로드스쿨, 대전 동구), 영상(연합뉴스TV) [108쪽] 경주역, KTX 산천(Wikipedia), 대릉원(Wikipedia), 황리단길(Wikipedia ⓒSeefooddiet), 국립 경주 박물관(Wikipedia ⓒby martinroell), 첨성대, 동궁과 월지(Shutterstock) [109쪽] 디지털 디톡스 여행(Shutterstock) 김천 김밥 축제(김천시) [110~111쪽] 비행기 탄 강아지(Shutterstock), 영상(SBS) [112쪽] 펫캉스(Shutterstock) [113쪽] 고양이(Shutterstock)

● 문화
[116~117쪽] 경복궁(Shutterstock), 영상(MBC) [118쪽] OTT 보는 사람(Shutterstock) [119쪽] 쇼트 폼 보는 사람, 노래 부르는 아이(Shutterstock) [120~121쪽] 한강 작가 노벨상 수상 장면(연합뉴스), 노벨상 메달(Shutterstock), 영상(연합뉴스TV) [122쪽] 〈코미디언〉(Shutterstock) [123쪽] 〈스페이스 오페라 극장〉(Wikipedia) [124~125쪽] 반가사유상 미니어처, 취객 선비3인방 변색 잔(국립박물관문화재단 뮷즈), 색동, 책장 소품(Shutterstock), 영상(MBC) [126쪽] 반구대 암각화(Wikipeda ⓒAmlou2518), 유네스코 로고(유네스코) [127쪽] 줄타기, 짚신 삼기(Shutterstock) [128~129쪽] 김치, 파오차이(Shutterstock) [130~131쪽] 뉴진스님 공연(연합뉴스), 영상(MBC) [133쪽] 교황 레오 14세(Shutterstock) [134~135쪽] 롤드컵 경기장 모습(Wikipedia ⓒBruce Liu), 영상(SBS) [136쪽] AIN기, 태극기, 중국 국기(Wikipedia), 수영장(Shutterstock) [137쪽] 토미 스미스와 존 카를로스의 항의(Wikipedia)

● 과학 기술
[140~141쪽] 산과 마을, 관제실(Shutterstock), 영상(MBC) [142쪽] 챗봇(Shutterstock) [143쪽] 딥페이크(Shutterstock) [145쪽] 인공 지능 친구(Shutterstock) [146~147쪽] 퍼서비어런스(NASA), 로봇(Shutterstock), 영상(연합뉴스TV) [148쪽] 배달 드론(Shutterstock) [149쪽] 사이보그 곤충(Wikipedia ⓒthe Riken research institute/Yujiro Kakei, Shumpei Katayama, Shinyoung Lee, Masahito Takakuwa, Kazuya Furusawa, Shinjiro Umezu, Hirotaka Sato, Kenjiro Fukuda & Takao Someya), 휴머노이드 로봇(Shutterstock) [150~151쪽] 책상 위 노트북, 아이돌 실루엣(Shutterstock), 영상(연합뉴스TV) [152쪽] VR 여행(Shutterstock) [153쪽] AR 코디(Shutterstock) [154~155쪽] 아르테미스(NASA), 영상(연합뉴스TV) [156쪽] 제임스웹 우주 망원경, 제임스웹 망원경이 촬영한 별 먼지고리(NASA) [157쪽] 국제 우주 정거장에 있는 우주인, 달(NASA) [157~159쪽] 우주 쓰레기(Shutterstock) [160~161쪽] 머리뼈, 3D 바이오 프린팅(Shutterstock), 영상(연합뉴스TV) [162쪽] 늑대(Shutterstock) [163쪽] 아기(Shutterstock) [164쪽] 옥수수, 박테리아(Shutterstock) [165쪽] 플라스틱, 미생물(Shutterstock)